CRASHKURS VEGETARISCH

CORNELIA SCHINHARL

CRASHKURS
VEGETARISCH

SUPERSCHNELLER ERFOLG FÜR EINSTEIGER

006 * Genießen ohne Fleisch und Fisch – clever einkaufen und kochen

Ganz neu unter den Vegetariern? Was Sie wissen sollten: Welche Vegetariertypen es gibt und worauf Sie bei einer fleisch- und fischlosen Ernährung achten sollten. Außerdem: Viele Tipps rund um Gemüse und Obst.

008 * Salate

INFO: Beliebte Blattsalate und was sie schön bunt und würzig macht

Für jede Esslaune der passende Salat: Vorneweg, zwischendurch oder zum Sattessen, mit viel frischem Grün oder zartem Gemüse, mit Knuspertopping oder Käseschmelz, mal cremig-mild, mal feurig-würzig angemacht. Es lebe die Vielfalt!
KLEINES EXTRA: Mini-Rezepte für feine Dressings in Wort und Bild

024 * Gemüse & Kartoffeln

INFO: Jeder Jahreszeit ihr Gemüse

Spargel, Möhren, Kürbis, Kohl – hier wird querbeet gekocht. Abwechslungsreich zubereitet und fein kombiniert, da greifen auch Gemüsemuffel gerne zu Ofentopinambur, Kräutergnocchi und und und!
KLEINES EXTRA: Step-by-Step-Rezepte mit Saisongemüse – von grünen Erbsen bis Schwarzwurzeln

054 * Nudeln

INFO: Lang, kurz, glatt oder gelockt – welche Nudel darf's denn sein?

Heute gabeln, morgen löffeln und dann sind die Stäbchen an die Reihe: Bei Pasta und Nudeln kommt keine Langeweile auf. Und mit unkomplizierten Jeden-Tag-Rezepten von Vegi-Lasagne bis gebratenen Asia-Nudeln gibt's garantiert auch keinen Kochstress!
KLEINES EXTRA: Nudeln mal selber machen und fixe Pastasaucen – alles auf einen Blick

072 * Getreide

INFO: Einige Körnchen Know-how zu Bulgur, Reis, Weizen & Co.

Image aufpoliert: Fade Körnerbratlinge waren mal – heute kommen würziger Couscoussalat, sämiges Rote-Bete-Risotto und Pilzpolenta mit Käse auf den Teller und räumen mit Vorurteilen gründlich auf.
KLEINES EXTRA: Getreidevielfalt Schritt für Schritt – von Frühstücksmüslis bis Pizzateig

094 * Hülsenfrüchte

INFO: Erbsen, Bohnen, Linsen – Sorten-
überblick und Zubereitungstipps

»Die Guten ins Töpfchen«, denn: Hülsenfrüchte
liefern wertvolles Eiweiß! Und weil die Eigen-
schaften gesund und lecker mit ihnen so wunderbar
zusammengehen, stehen Honiglinsen, Bohnen-
Zucchini-Salat und Kichererbsen-Curry ab sofort
ganz bestimmt öfter auf dem Speiseplan.
KLEINES EXTRA: Hülsenfrüchte Step-by-Step richtig
vor- und zubereiten

110 * Tofu & Tempeh

INFO: Im Fokus – Verwandlungskünstlerin
Sojabohne

Auf nach Asien, wo man Tofu, den weißen
»Sojaquark«, aufs Feinste zuzubereiten versteht,
und ran an Tempeh mit Ananas und Tofuklößchen
in Currysahne. Einfach gemacht und im Ergebnis
einfach »Hmmm ...« – versprochen!
KLEINES EXTRA: Step-by-Step-Rezepte mit
Sojagranulat

126 * Milchprodukte & Eier

INFO: Was aus Milch entsteht und in Eiern steckt

Fluffig-luftig oder zart schmelzend, Quarkmousse
mit Radieschensalat oder Käse-Zwiebel-Frittata?
Ei, Ei, Ei, da fällt die Entscheidung nicht leicht.
Die Lösung: Alles ausprobieren und genießen!
KLEINES EXTRA: Käse vor- und zubereiten – Schritt
für Schritt ganz schnell gelernt

142 * Früchte

INFO: Vitamine von Sommer bis Winter –
Warenkunde von Aprikose bis Zitrone

Apfel-Thymian-Pfannkuchen zum Sattessen,
Birnenquark mit Knuspernüssen für einen guten
Start in den Tag, Kakao-Eis mit heißen Himbeeren
zum Dahinschmelzen – da schlagen Süßschnabel-
Herzen höher!
KLEINES EXTRA: Bebilderte Mini-Rezepte für Power-
Smoothies

158 * Register
160 * Impressum

GENIESSEN OHNE FLEISCH UND FISCH

Egal, ob Sie sich vegetarisch ernähren oder einfach nur ganz selten Fleisch und Fisch zubereiten, Gerichte mit Gemüse, Getreide und Co. schmecken einfach prima und sind gesund.

TYPSACHE – VON OVO-LAKTO BIS VEGAN

Vom lateinischen ovum für Ei und lac für Milch haben die **Ovo-Lakto-Vegetarier** ihren Namen. Sie essen zwar weder Fleisch noch Fisch, dafür aber tierische Produkte wie Eier und Milchprodukte. Komplett auf alles, was vom Tier stammt, verzichten dagegen **Veganer**. Bei ihnen kommen also keine Milch und keine Eier auf den Tisch, sie lassen sogar den Honig im Regal stehen (manche meiden auch Leder und Schafwolle). Noch extremer, was die Ernährung betrifft, sind **Rohköstler**; sie essen nichts, was gegart worden ist. Manche von ihnen verspeisen ab und zu auch rohes Fleisch (Tatar), rohen Fisch und rohe Eier und sind daher ganz gut mit vielen wichtigen Nährwerten versorgt. Dann gibt es da noch die **Makrobioten**. Ihnen geht es vor allem darum, auch bei der Ernährung in der Balance zwischen Yin und Yang zu bleiben. Milch gehört für echte Makrobioten nicht auf den Speisezettel, besonders geschätzt sind Gemüse und Getreide. Und schließlich gibt es da natürlich noch die **Genuss-Vegetarier**. Dazu gehören alle, die besonders gerne Gemüse, Getreide und Hülsenfrüchte essen und deshalb immer mal wieder nach neuen Rezept-Ideen dafür suchen. Viele von ihnen essen ab und zu Fisch, manche auch hin und wieder Fleisch.

EIWEISS – CLEVER KOMBINIEREN

Alle, die gelegentlich Fleisch und Fisch essen, wie auch die, die tierische Lebensmittel in ihren Speiseplan mit einbeziehen und sich außerdem abwechslungsreich ernähren, sind in der Regel ausreichend mit Eiweiß, Vitaminen und Mineralstoffen versorgt. Veganer hingegen müssen etwas darauf achten, dass sie genügend hochwertiges Eiweiß aufnehmen.

Mit einer guten Kombination verschiedener Lebensmittelgruppen ist dies jedoch ganz einfach. Eine gute Eiweißversorgung garantieren Sojabohnen und alle Sojaprodukte wie Tofu und Tempeh – sie enthalten besonders hochwertiges Eiweiß. Eine ideal für den Körper nutzbare Eiweißmischung ergibt der gemeinsame Genuss von Getreide und Hülsenfrüchten (etwa von Chilibohnen und Tortilla oder von Bohnen und Mais) und die Zugabe von Nüssen und Kernen zu Gemüse und Getreide. Ovo-Lakto-Vegetarier können die Eiweißaufnahme optimieren, indem sie Eier und Kartoffeln oder Milch und Getreide zusammen essen.

VITAMINE UND MINERALSTOFFE

Von vielen Vitaminen und Mineralstoffen bekommen Vegetarier mehr ab als alle, die weniger Gemüse, Obst und Hülsenfrüchte essen. Bei denjenigen, die hauptsächlich im Fleisch vorkommen, wird's aber manchmal kritisch. Dabei geht es vor allem um **Vitamin B$_{12}$**, das in Fleisch, Fisch, Milch und Eiern enthalten ist. Es sorgt dafür, dass rote Blutkörperchen gebildet werden und dass das Blut gut fließt. Wie man davon als Veganer genug bekommt, darüber streiten sich die Fachleute. Die einen sagen, das Vitamin kommt auch in Gemüse vor, insbesondere in milchsauer Vergorenem wie Sauerkraut, außerdem in Sprossen, Algen und Hefe. Andere meinen, dass die Darmbakterien das Vitamin aufbauen, wir es also gar nicht essen müssen. Wer sichergehen möchte, dass er gut mit Vitamin B$_{12}$ versorgt ist, lässt am besten einen Bluttest machen. Für Vegetarier ist manchmal auch fehlendes **Eisen** ein Problem, das Fleischesser vor allem aus rotem Fleisch zu sich nehmen. Vegetarier bekommen es in viel geringeren Mengen durch grünes Gemüse (z. B. Mangold und Petersilie), Getreide (es steckt vor allem in den Keimen), Hülsenfrüchte und Pilze (vor allem Pfifferlinge). Verbessert wird die Aufnahme von Eisen, wenn Vitamin C mit im Spiel ist. Dazu kann man das Gemüse einfach mit Zitronensaft beträufeln oder Vitamin-C-reiches wie Paprika, Kohl und Sauerkraut als Beilage essen. Veganer müssen zudem besonders auf das **Kalzium** achten. Es steckt in den von ihnen gemiedenen Eiern und Milch(produkten), aber auch in Tofu und Nüssen.

CLEVER EINKAUFEN UND KOCHEN

Wer sich vegetarisch ernährt, legt Wert auf gute Qualität und wenig Schadstoffe sowie auf viel Abwechslung. Deshalb ist der Einkauf wichtig; von Bedeutung ist aber auch der richtige Umgang mit den Lebensmitteln.

REGIONAL UND SAISONAL

Reifes Gemüse und Obst enthält in der Regel nicht nur mehr Geschmack als unreifes, sondern auch mehr Vitamine und Mineralstoffe. Damit Gemüse und vor allem Obst aber auch reif geerntet werden können, müssen sie nahe dem Anbauort verkauft werden, dürfen also keine langen Transportwege zurücklegen. Wer solche Lebensmittel aus der Region kauft, ernährt sich außerdem ganz automatisch saisongerecht. Denn Erdbeeren wachsen hierzulande eben nicht im Winter. Wer sich zusätzlich vor unnötigen Schadstoffen schützen möchte, kauft Bioprodukte – auch diese natürlich möglichst aus der Region. Ein gutes Gemüseangebot findet man auf Wochenmärkten und in speziellen Gemüsegeschäften – zunehmend wird auch hier zumindest teilweise Bioware angeboten. Eier, Milchprodukte und alle anderen Zutaten für die vegetarische Küche gibt es natürlich im Supermarkt, aber – in Bioqualität – auch im Naturkosthandel. Dort findet man, ebenso wie im Asienladen, zudem Tofu und Tempeh.

SCHADSTOFFE – MÖGLICHST VERMEIDEN

Nicht nur die Art, wie ein Gemüse angebaut, wie es gespritzt und gedüngt wurde, entscheidet darüber, wie viele schädliche Stoffe das Lebensmittel aufnimmt. Auch aus der Luft und dem Boden kommen Substanzen hinzu. Damit Sie davon so wenig wie möglich mitessen, sollten Sie beim Vorbereiten ein paar Dinge beachten: Unempfindliche Gemüse- und Obstsorten gründlich unter fließendem Wasser waschen oder sogar abbürsten, dabei wird z. B. ein großer Teil der Schwermetalle abgewaschen. Empfindliches, etwa Beeren, zumindest abbrausen. Von Salatköpfen die äußeren Blätter großzügig entfernen, sie enthalten die meisten Schadstoffe. Nitratreiche Gemüse, z. B. Blattgemüse und Salate, Radieschen, Rettich und Rhabarber, enthalten weniger davon, wenn sie aus dem Freiland kommen und gut reif sind, wenn sie frisch zubereitet und nicht warm gehalten werden. Ebenfalls gut, weil es vor Nitrat schützt: Vitamin-C-reiches dazuessen, also Paprika, Kohl, Petersilie oder Zitrusfrüchte.

INHALTSSTOFFE – MÖGLICHST SCHONEN

Haben Sie Gemüse und Obst erst einmal vorbereitet – also gewaschen und geputzt –, geht es ans Zubereiten. Und in diesem Fall auch darum, die wertvollen Inhaltsstoffe zu schützen. Das heißt: Gemüse und Obst möglichst frisch essen, wenn nötig, kühl lagern. Gemüse nicht zu lange garen, sondern immer nur so lange, bis es bissfest ist. Zählt es nicht zu den nitratreichen Lebensmitteln (siehe oben), das Gemüse in so wenig Flüssigkeit garen, dass man sie (mitsamt den wasserlöslichen Vitaminen) nicht wegschütten muss, sondern mitessen kann. Gemüse und Obst nach dem Zerkleinern nicht lange liegen lassen, sondern bald essen oder weiterverarbeiten. Die Gerichte nicht lange warm halten. Besser: abkühlen lassen und später rasch aufwärmen.

VIDEOS FÜR TV-BEGEISTERTE

Einige Crashkurs-Grundrezepte in diesem Buch sind mit einem Kochlöffelsymbol gekennzeichnet. Zu diesen Rezepten finden Sie unter www.küchengötter.de/vegivideos Videos, die Schritt für Schritt die entsprechende Zubereitungsweise als Film abbilden und Ihnen zusätzliche Informationen zu den Produkten geben.

SALATE

CRASHKURS SALATE

Blattsalate Spitzenreiter bei den Sorten ist nach wie vor der Kopfsalat, ob grün oder als roter Burgundersalat.

Salatgemüse, das man roh essen kann, ist in jedem gemischten Salat zu finden. An erster Stelle: Tomaten.

Zu den **Salatkräutern** gehören nicht nur Schnittlauch und Co., sondern auch die würzig-scharfe Rucola.

Gemüse als Salatzutat schmeckt manchmal gegart besser als roh. In jedem Fall kochen muss man Bohnen.

Blattsalate gibt es das ganze Jahr über. Im Sommer greifen Salatfans besonders gerne zu grünem oder rotem Kopfsalat, Eichblattsalat und Lollo bianco oder rosso. Sie alle haben zarte Blätter, die in der Salatsauce jedoch rasch schlapp machen. Sie sollten deshalb immer frisch angemacht und dann gleich serviert werden.

Härter im Nehmen sind Romana oder Römersalat, Eisberg- und Endiviensalat. Romana und Endivie schmecken außerdem nicht nur roh als Salat, sondern auch geschmort als Gemüse. Im Herbst und Winter laden weitere Genießersalate ein: Jetzt kommt der nussig zarte Feldsalat in den Handel, ebenso die leicht bitteren Sorten Radicchio und Chicorée.

Beim Vorbereiten von Kopfsalaten die äußeren Blätter entfernen, sie sind am stärksten mit Schadstoffen belastet. Die übrigen Blätter auseinanderlösen, in kaltem Wasser gründlich waschen und trocken schütteln. Dann die Blätter in Stücke zupfen oder schneiden. Feldsalat wird ebenso wie Portulak und junger Spinat verlesen, also von allen welken Blättern befreit und gewaschen. Radicchio und Chicorée im Ganzen waschen, vorher welke Blätter ablösen. Die Salate jetzt entweder halbieren, vom Strunk befreien und in Streifen schneiden oder die Blätter einzeln ablösen und zerkleinern.

Besonders fein schmecken gemischte Salate – dann zu den Blattsalaten weitere Zutaten vorbereiten. Als **Salatgemüse**, also als weitere rohe Zutaten, eignen sich Tomaten, Gurken, Paprika und Möhren, aber auch Frühlingszwiebeln, Radieschen oder Rettich. Anderes **Gemüse** schmeckt auch im Salat gegart besser: Pilze in Öl anbraten, Bohnen in Salzwasser bissfest kochen, Brokkoli, Blumenkohl und Erbsen ebenfalls in Salzwasser bissfest kochen und kurz kalt abschrecken.

Jeder Salat bekommt noch mehr Aroma, wenn man frische **Kräuter** untermischt. Besonders gut im Salat machen sich Schnittlauch, Kerbel, Zitronenmelisse, Borretsch, Kresse und Basilikum – ganz nach Belieben einzeln oder gemischt.

Essig ist nicht gleich Essig. Durch die Wahl einer besonderen Sorte, z. B. Himbeeressig, lassen sich Salate verfeinern.

Öl ist die zweite wichtige Komponente im Dressing. Versuchen Sie neben Olivenöl auch mal ausgefallene Sorten.

Nüsse schmecken nicht nur gut, sondern sind auch topgesund: In ihnen stecken viele Vitamine und Mineralstoffe.

Sprossen wie Radieschen- oder Rettichsprossen sind vitaminreich und haben einen feinwürzigen Geschmack.

Essig ensteht durch Vergärung von Alkohol durch Essigsäurebakterien oder durch Verdünnen von Essigsäure. In der Regel sind Wein oder Branntwein die Grundlage. Darum schmeckt guter Essig nicht nur sauer, sondern trägt auch sehr viel zum Geschmack der Salatsauce bei. Besonders fein und intensiv schmeckt guter Aceto balsamico. Bei ihm gilt: je älter, desto delikater – und desto teurer. Eine gute Alternative sind Obstessige (Apfel-, Birnenessig) oder mit Früchten aromatisierte Essige wie Himbeer- und Johannisbeeressig.

Beim **Öl** ist es wie beim Essig: Man kann zwischen vielen Qualitäten und Geschmacksrichtungen wählen. Für den Salat sollte man aber immer zu hochwertigen kalt gepressten Ölen greifen. Für die meisten ist der Klassiker ein fein-aromatisches Olivenöl. Man kann es – wie auch Raps- oder Distelöl – pur verwenden oder mit anderen Sorten mischen. Richtig viel Geschmack bringen Nussöle aus gerösteten Nüssen, etwa aus Hasel- oder Walnüssen, aber auch das intensiv grüne Kürbiskernöl, das besonders gut zu Feldsalat passt.

Eine **Vinaigrette** ist schnell gerührt. Als Grundlage immer 1–1 1/2 Teile Essig mit 3 Teilen Öl kräftig verquirlen, bis die Mischung sämig ist. Zum Würzen eignen sich Senf – von mild bis scharf –, die verschiedensten Kräuter sowie Salz und Pfeffer. Man kann eine Vinaigrette übrigens wunderbar auf Vorrat zubereiten. Dazu einfach die drei- bis vierfache Menge in ein Schraubglas füllen, und das verschlossene Glas gut schütteln. Die Vinaigrette im Kühlschrank aufbewahren und vor der Verwendung noch einmal kurz schütteln.

Aufgewertet wird jeder Salat durch ganze oder gehackte **Nüsse**, die man vor dem Servieren aufstreut. Verwenden Sie auch einmal geröstete Nüsse, die Sie sogar auf Vorrat zubereiten können. Dazu 100 g Pinienkerne, grob gehackte abgezogene Mandeln oder gehackte Cashewkerne in einer trockenen Pfanne bei mittlerer Hitze ca. 1 Min. anrösten. Dann die gehackten Blättchen von 4 Zweigen Petersilie und frisch gemahlenen Pfeffer oder etwas Chilipulver mit 1 EL Öl untermischen. Die Nüsse salzen und abkühlen lassen.

1. HONIG-SENF-DRESSING (FÜR 2 PERSONEN)

1. 1/2 TL flüssigen Honig (festen im Töpfchen schmelzen) mit 1 TL scharfem Senf (Dijon-Senf), Salz und Pfeffer gründlich verrühren.

2. 1 1/2 EL Aceto balsamico und 2 TL Sahne nach Belieben untermischen, 3 EL gutes Olivenöl mit der Gabel cremig unterschlagen.

3. Das Dressing schmeckt besonders gut zu gemischten Blattsalaten. Varianten: Bio-Zitronen- oder Orangenschale zugeben.

2. KÄSE-NUSS-DRESSING (FÜR 2 PERSONEN)

1. 1 EL Pinienkerne in einer Pfanne ohne Fett bei mittlerer Hitze unter Rühren rösten, bis sie goldgelb sind. Auf einen Teller füllen.

2. 30 g Blauschimmelkäse (mild mit Gorgonzola oder ganz würzig mit Roquefort) mit 3 EL saurer Sahne mit einer Gabel zerdrücken.

3. Je 1 EL Zitronensaft und Öl unterrühren, pfeffern und salzen. Pinienkerne aufstreuen. Schmeckt zu Gurken-, Tomaten- und Blattsalaten.

3. TOMATEN-VINAIGRETTE (FÜR 2 PERSONEN)

1. Die Haut von 1 großen Tomate einritzen und die Tomate kurz in kochendes Wasser legen, dann die Haut abziehen und die Tomate klein würfeln.

2. 1 Frühlingszwiebel und 1 EL Basilikum fein hacken. 1 EL Balsamico bianco mit Salz, Pfeffer und 1 Prise Zucker verrühren, 3 EL Olivenöl cremig unterschlagen.

3. Tomatenwürfel und die Zwiebelmischung unterrühren. Diese Art Vinaigrette passt gut zu Blattsalat, z. B. Romana, eventuell mit Feta oder Mozzarella.

4. SPROSSEN ZIEHEN

1. Für 250 g fertige Sprossen 70 g getrocknete Sojabohnenkerne bzw. andere Samen, etwa Getreide oder Radieschen, in ein Glas füllen.

2. Mit lauwarmem Wasser bedecken, 6–12 Std. quellen lassen. Mulltuch zuschneiden, mit einem Gummi auf dem Glas befestigen.

3. Das Wasser durch das Tuch ablaufen lassen. 3 Tage lang keimen lassen, dabei jeden Tag einmal wässern, gut abtropfen lassen.

5. ESSIG UND ÖL AROMATISIEREN

1. Kräuterzweige wie Rosmarin, Thymian, Estragon oder Basilikum waschen und mit Küchenpapier gründlich trocken tupfen.

2. Würzutaten vorbereiten: Knoblauch schälen und halbieren. Chilischoten waschen, entstielen und längs aufschneiden.

3. Kräuter und Gewürze in gut verschließbare Gläser füllen. Mit Öl oder Weinessig aufgießen, verschlossen 2 Wochen ziehen lassen.

6. GRANATAPFELKERNE AUSLÖSEN

1. Den Granatapfel quer mit einem scharfen Messer halbieren. Die Hälften zunächst in grobe Stücke brechen. Die herausfallenden Kerne sammeln.

2. Dann die einzelnen Granatapfelstücke weiter aufbrechen und dabei alle granatroten Kerne vorsichtig zwischen den weißen Trennhäutchen herauslösen.

3. Die Granatapfelkerne passen sehr gut zu Blattsalaten wie Feldsalat, aber auch zu Gemüse. Andere Möglichkeit: eine Granatapfelhälfte wie eine Zitrone auspressen.

www.küchengötter.de/vegivideos

SALATE ★ 13

SALAT MIT KNOB-LAUCH-CROÛTONS

1 Die Salatblätter auseinanderlösen, waschen und gut trocken schütteln. Die Blätter in mundgerechte Stücke zupfen, in eine Schüssel geben. Die Radieschen waschen und die Enden abschneiden, Radieschen in Scheiben schneiden. Frühlingszwiebeln putzen und waschen, weiße und hellgrüne Teile in Ringe schneiden.

2 Das Toastbrot entrinden und in gut 1 cm große Würfel schneiden. Das Öl in einer Pfanne erhitzen. Die Brotwürfel darin bei mittlerer Hitze unter Rühren in 2–3 Min. goldbraun braten. Den Knoblauch schälen und durch die Presse dazudrücken. Gut unterrühren und gleich aus der Pfanne nehmen.

3 Für das Dressing die beiden Senfsorten mit Joghurt und Zitronensaft verrühren und mit Salz, Pfeffer und 1 Prise Koriander würzen. Das Öl kräftig unterschlagen.

4 Blattsalat, Radieschen und Zwiebelringe mit dem Dressing in der Schüssel mischen. Die Brotcroûtons aufstreuen. Vom Käse mit dem Gurken- oder dem Trüffelhobel feine Späne über den Salat hobeln.

FÜR 2 PERSONEN
ZUBEREITUNG: 25 MIN.
PRO PORTION CA. 410 kcal
18 g EW, 26 g F, 26 g KH

FÜR DEN SALAT:
1 kleinerer Romanasalat
1 Bund Rucola oder
   1 kleiner Radicchio
6 Radieschen
2 Frühlingszwiebeln
4 Scheiben
   (Vollkorn-)Toastbrot

2 EL Olivenöl
2 Knoblauchzehen
1 Stück Parmesan, Grana
   Padano oder mittelalter
   Pecorino (ca. 50 g)
FÜR DAS DRESSING:
je 2 TL scharfer und
   süßer Senf

100 g Joghurt
2 EL Zitronensaft
   (oder heller Essig)
Salz, Pfeffer
gemahlener Koriander
1 EL Raps- oder Olivenöl

14 * SALATE

RUCOLA-ERDBEER-SALAT MIT OFENKÄSE

FÜR 2 PERSONEN
ZUBEREITUNG: 20 MIN.
PRO PORTION CA. 310 kcal
10 g EW, 26 g F, 8 g KH

FÜR DEN SALAT:
50 g Rucola
150 g Erdbeeren
1 EL Aceto balsamico
1/2 TL Quitten- oder Johannisbeergelee
1/2 TL mittelscharfer Senf
Salz, schwarzer Pfeffer
2 EL Olivenöl

FÜR DEN OFENKÄSE:
2 kleine runde Ziegenkäse (Crottin oder Picandou, ca. 80 g)
2 TL Olivenöl

1 Von der Rucola welke Blätter aussortieren, von den übrigen Blättern die dicken Stiele abknipsen. Rucola gründlich waschen und trocken schwenken. Größere Blätter eventuell etwas kleiner zupfen. Die Erdbeeren vorsichtig waschen, die Kelchblätter herausschneiden. Erdbeeren in ca. 1/2 cm dicke Scheiben schneiden.

2 Für das Dressing den Balsamicoessig mit dem Gelee, Senf, Salz und Pfeffer verrühren. Das Öl nach und nach unterschlagen, bis eine cremige Sauce entstanden ist.

3 Den Backofengrill anheizen. Die Käse nebeneinander in eine ofenfeste Form legen und mit dem Öl einpinseln. Die Käse mit ca. 10 cm Abstand unter den heißen Grillschlangen in den Ofen schieben und ca. 4 Min. grillen, bis sie goldbraun werden.

4 Inzwischen Rucola und Erdbeeren mit dem Dressing mischen und abschmecken. Auf zwei Teller verteilen und mit dem Ziegenkäse gleich servieren.

* **DAS SCHMECKT DAZU** frisches, gegrilltes Baguette

* **TAUSCH-TIPP** Nicht nur Ziegenkäse lässt sich gut grillen. Es eignen sich auch Hartkäse wie Pecorino in Scheiben oder Schafskäse wie Feta, ebenfalls in Scheiben. Die Grillzeit bleibt gleich.

FÜR 2 PERSONEN
ZUBEREITUNG: 25 MIN.
PRO PORTION CA. 340 kcal
2 g EW, 30 g F, 16 g KH

1/2 Granatapfel
1 EL Zitronensaft
3 EL Olivenöl
1 TL Grenadine (Granatapfelsirup; oder flüssiger Honig)
1/2 TL Chilipulver
Salz
2 Frühlingszwiebeln mit knackigem Grün
1 kleine Avocado (ca. 170 g)
1 säuerlicher Apfel

AVOCADO-APFEL-CARPACCIO

1 Die Granatapfelhälfte in kleinere Stücke brechen. Granatapfelkerne zwischen den Trennhäutchen herauslösen. Den auslaufenden Saft in einer Schüssel auffangen. Den Zitronensaft, das Olivenöl und die Grenadine unterrühren und die Mischung mit Chilipulver und Salz abschmecken. Die Granatapfelkerne untermischen.

2 Die Frühlingszwiebeln putzen und waschen, hellgrüne und weiße Teile längs in sehr feine Sreifen schneiden. Die Avocado rundherum bis zum Kern einschneiden. Die Hälften gegeneinander drehen und auseinanderlösen. Den Kern entfernen, die Hälften schälen und der Länge nach in möglichst dünne Scheiben schneiden. Den Apfel vierteln, entkernen und schälen, ebenfalls längs in dünne Scheiben teilen.

3 Die Avocado- und die Apfelscheiben abwechselnd dachziegelartig dekorativ auf Tellern auslegen. Die Granatapfelmischung darauf verteilen, Zwiebelgrün darüberstreuen und gleich servieren.

* **DAS SCHMECKT DAZU** gerösteter Vollkorntoast

* **VARIANTE** Das Granatapfeldressing schmeckt nicht nur zu Avocados, es passt auch sehr gut zu Gemüsesalaten, z. B. aus Roten Beten oder Kürbis, aber auch zu kräftigen Blattsalaten wie Radicchio oder Feldsalat.

* **TIPP** Die andere Hälfte des Granatapfels können Sie mit Folie bedeckt 2–3 Tage im Kühlschrank aufbewahren.

16 * SALATE

FÜR 2 PERSONEN
ZUBEREITUNG: 30 MIN.
PRO PORTION CA. 170 kcal
6 g EW, 11 g F, 14 g KH

FÜR DEN SALAT:
600 g gemischtes Gemüse (z. B. Fenchel, Möhren, Brokkoli, Zucchini und Paprika)
Salz

FÜR DAS DRESSING:
1/2 rote Chilischote
1 Knoblauchzehe
2 Zweige Basilikum
1/2 Bio-Limette (oder Bio-Zitrone)
1 EL Gemüsebrühe (oder Gemüsekochwasser vom Salatgemüse)
1 TL Ahornsirup
2 EL Olivenöl
Salz

GEMÜSESALAT MIT CHILI-DRESSING

1 Das Gemüse waschen oder schälen. Den Fenchel längs vierteln, vom Strunk befreien und quer in breite Streifen schneiden. Die Möhren der Länge nach halbieren und in 3–4 cm lange Stücke schneiden. Die Brokkoliröschen abschneiden, die Stiele schälen und in Scheiben schneiden. Die Zucchini in 2 cm breite Scheiben schneiden. Die Paprikaschote in ca. 2 cm breite Streifen schneiden.

2 In einem Topf 2–3 cm hoch Wasser zum Kochen bringen. Salzen. Fenchel und Möhren hineingeben und ca. 4 Min. kochen. Das restliche Gemüse untermischen, alles noch 2–3 Min. kochen lassen, bis das Gemüse bissfest ist. Dann kurz kalt abschrecken.

3 Während das Gemüse kocht, die Chilischote waschen und den Stiel abschneiden. Knoblauch schälen, Basilikum abzupfen. Alles zusammen sehr fein hacken. Die Limettenhälfte heiß waschen, abtrocknen, die Schale fein abreiben und den Saft auspressen. 1 EL Saft und -schale mit Brühe und Sirup verrühren, Öl unterschlagen. Chilimischung dazurühren, mit Salz abschmecken.

4 Das Gemüse mit dem Dressing mischen, abschmecken und am besten lauwarm servieren.

* TAUSCH-TIPP Für diesen Salat eignen sich allerlei Gemüsemischungen: im Herbst Kürbis, Lauch und Kohlstreifen probieren, im Winter Topinambur, Sellerie und Rosenkohl. Auch grüne Bohnen sind fein, z. B. mit Kohlrabi, Paprika und rohen Tomaten.

SALATE * 17

GEMISCHTE SALATE MIT KÜRBIS

1 Die Salate waschen, trocken schütteln und eventuell kleiner zupfen (Radicchio) oder in Streifen schneiden (Zuckerhut, Endivie und Chicorée). Den Sellerie waschen und die Enden abschneiden. Falls sich dabei Fäden lösen, diese abziehen. Sellerie in dünne Scheiben schneiden. Die Frühlingszwiebel putzen und waschen, den weißen und hellgrünen Teil in feine Ringe schneiden.

2 Den Kürbis schälen und von den Kernen mitsamt dem faserigen Fruchtfleisch befreien. Den Kürbis in knapp 1 cm dicke Scheiben, dann in ebenso breite Stifte schneiden. Die Petersilie waschen und trocken schütteln, die Blättchen abzupfen. Tomaten und Kapern abtropfen lassen und mit der Petersilie fein hacken.

3 Den Zitronensaft und den Balsamicoessig mit Salz, Pfeffer und dem Honig gut verrühren, nach und nach 2 EL Öl zu einer cremigen Sauce unterschlagen, die Petersilienmischung dazurühren.

4 Eine Pfanne erhitzen und die Pinienkerne darin goldgelb rösten. Aus der Pfanne nehmen. Das restliche Öl in die Pfanne geben und die Kürbisstifte darin bei mittlerer Hitze unter Rühren in ca. 5 Min. bissfest braten. Mit Salz, Pfeffer und Zitronenschale abschmecken.

5 Die Salate, den Sellerie und die Zwiebelringe mit der Salatsauce mischen und abschmecken. Auf zwei Teller verteilen. Kürbis darauf verteilen, mit den Pinienkernen bestreuen und servieren.

* **DAS SCHMECKT DAZU** Besonders fein dazu ist ein würziges Brot, z. B. Oliven-Ciabatta oder Walnussbrot. Wer mag, röstet die Scheiben im Backofen oder Toaster.

FÜR 2 PERSONEN
ZUBEREITUNG: 30 MIN.
PRO PORTION CA. 255 kcal
4 g EW, 20 g F, 14 g KH

125 g gemischte Blattsalate (z. B. Feldsalat, Radicchio, Zuckerhut oder Endivie und Chicorée)
1 Stange Staudensellerie
1 Frühlingszwiebel
1 Stück Kürbis (ca. 400 g)
2 Zweige Petersilie
2 getrocknete, in Öl eingelegte Tomaten
2 TL Kapern
2 TL Zitronensaft
2 TL Aceto balsamico
Salz, Pfeffer
1/4 TL flüssiger Honig
3 EL Olivenöl
1 EL Pinienkerne
etwas abgeriebene Schale von einer Bio-Zitrone

SALATE * 19

ROTKOHLROHKOST MIT ANANAS

FÜR 2 PERSONEN
ZUBEREITUNG: 30 MIN.
PRO PORTION CA. 255 kcal
2 g EW, 15 g F, 25 g KH

1/2 kleiner Rotkohl
 (ca. 300 g)
Salz
1/2 Bund Schnittlauch

1 kleine Ananas oder
 1/2 normale Ananas
1 1/2 EL Apfelessig
2 TL Apfeldicksaft

schwarzer Pfeffer
gemahlener Kümmel
3 EL neutrales Öl

1 Die welken Blätter vom Kohl entfernen. Den Kohl waschen, halbieren und den Strunk aus der Mitte ausschneiden. Kohl in schmale Streifen schneiden, in einer Schüssel mit 1 TL Salz mischen und kräftig durchkneten. 15 Min. stehen lassen.

2 Inzwischen den Schnittlauch waschen, trocken schütteln und in feine Röllchen schneiden. Ananas schälen und die Augen entfernen. Ananas zuerst in Scheiben, dann in Würfel schneiden, die harte Mitte dabei ausschneiden.

3 Den Apfelessig mit dem Dicksaft sowie Salz, Pfeffer und 1 Prise Kümmel verrühren, das Öl unterschlagen. Die Schnittlauchröllchen und die Ananaswürfel mit dem Dressing zum Kohl geben, alles gut mischen und abschmecken.

SELLERIE-ORANGEN-SALAT

FÜR 2 PERSONEN
ZUBEREITUNG: 25 MIN.
PRO PORTION CA. 235 kcal
7 g EW, 16 g F, 16 g KH

- 2 Bio-Orangen
- 2 zarte Stangen Staudensellerie
- 2 Frühlingszwiebeln
- 1/4 Bund Petersilie
- 2 TL Zitronensaft
- 1/2 TL flüssiger Honig
- 1/2 TL scharfer Senf
- Salz, Pfeffer
- 2 EL Olivenöl
- 100 g Räuchertofu
- 1 EL Pinienkerne

1 1 Orange heiß waschen und abtrocknen, die Schale fein abreiben. Von beiden Orangen die Schale so abschneiden, dass auch die weiße Haut mit entfernt wird. Die Filets zwischen den Trennwänden herauslösen, den Saft dabei auffangen. Die Filets in Stücke schneiden. Aus den Häuten den übrigen Saft auspressen.

2 Den Sellerie waschen und putzen, das zarte Grün beiseitelegen. Die Stangen in dünne Scheiben schneiden. Die Frühlingszwiebeln putzen und waschen, die weißen und hellgrünen Teile in feine Ringe oder Streifen schneiden. Die Petersilie waschen, trocken schütteln und die Blättchen mit dem Selleriegrün sehr fein hacken.

3 Den aufgefangenen Orangensaft mit dem Zitronensaft, Honig, Senf, Salz und Pfeffer verrühren. Das Olivenöl nach und nach zu einer cremigen Sauce unterschlagen. Petersilie untermischen. Die Sauce bis auf ca. zwei Teelöffel mit Sellerie, Orangen und Zwiebelringen mischen und abschmecken. Den Salat auf Tellern verteilen.

4 Den Räuchertofu in dünne Scheiben schneiden und auf dem Salat auslegen. Mit der übrigen Salatsauce beträufeln. Die Pinienkerne in einer Pfanne ohne Fett bei mittlerer Hitze unter Rühren goldgelb braten. Auf dem Salat verteilen und diesen möglichst gleich servieren.

SPARGEL-KARTOFFELSALAT

1 Die Kartoffeln waschen und in kochendem Wasser zugedeckt je nach Größe in 20–30 Min. weich kochen, aber nicht zu weich werden lassen. Abgießen und etwas ausdampfen lassen.

2 Inzwischen den Spargel waschen und die Enden der Stangen abschneiden. Salzwasser zum Kochen bringen und den Spargel darin in ca. 5 Min. bissfest kochen. In einem Sieb kalt abschrecken und abtropfen lassen.

3 Die Tomaten waschen und halbieren oder vierteln. Die Frühlingszwiebeln putzen und waschen, weiße und hellgrüne Teile schräg in feine Ringe schneiden. Die Kartoffeln schälen und in knapp 1 cm große Würfel schneiden. Den Spargel in ca. 3 cm lange Stücke teilen.

4 Den Essig mit dem Senf und dem Sirup verrühren, mit Salz und Pfeffer sowie 1 Prise Chili würzen und das Öl unterschlagen. Die Sauce mit Kartoffeln, Spargel, Tomaten und Zwiebelringen mischen, den Salat abschmecken und eventuell nachwürzen. Den Schafskäse in Stücke krümeln und aufstreuen.

* TIPP Mit Getreidebratlingen ein komplettes Essen.

FÜR 2 PERSONEN
ZUBEREITUNG: 50 MIN.
PRO PORTION CA. 445 kcal
14 g EW, 30 g F, 28 g KH

- 400 g festkochende Kartoffeln
- 250 g grüner Spargel
- Salz
- 4 Cocktailtomaten
- 2 Frühlingszwiebeln
- 2 EL Apfelessig oder Balsamico bianco
- 1 TL scharfer Senf
- 1 TL Ahornsirup
- schwarzer Pfeffer
- Chilipulver
- 4 EL Kürbiskernöl
- 100 g Schafskäse (Feta)

22 * SALATE

TOMATEN-BROT-SALAT

1 Vom Toastbrot die Rinde abschneiden, das Brot ca. 1 cm groß würfeln. Eine Pfanne heiß werden lassen und die Brotwürfel darin bei mittlerer Hitze unter Rühren ohne Fett ca. 2 Min. braten, bis sie knusprig und leicht braun werden. In eine Schüssel füllen.

2 Die Frühlingszwiebeln putzen und waschen, weiße und hellgrüne Teile schräg in feine Ringe schneiden. Knoblauch schälen und sehr fein hacken. Von der Rucola welke Blätter aussortieren, von den übrigen Blättern die dicken Stiele abknipsen. Rucola waschen, trocken schütteln und grob hacken. Oder Basilikumblättchen kleiner zupfen. Die Tomaten waschen und klein würfeln, dabei die Stielansätze herausschneiden.

3 Essig, Salz und Pfeffer verrühren, das Öl nach und nach cremig unterschlagen. Brot, Zwiebelringe, Knoblauch, Rucola oder Basilikum und Tomaten unter die Sauce mischen und ca. 30 Min. stehen lassen.

4 Dann den Mozzarella abtropfen lassen und würfeln. Den Salat noch einmal abschmecken und mit dem Mozzarella bestreut servieren.

FÜR 2 PERSONEN
ZUBEREITUNG: 20 MIN.
ZIEHEN: 30 MIN.
PRO PORTION CA. 405 kcal
18 g EW, 27 g F, 22 g KH

- 3 Scheiben (Vollkorn-)Toastbrot (ca. 75 g)
- 2 Frühlingszwiebeln
- 1 Knoblauchzehe
- 1 kleines Bund Rucola oder 1/2 Bund Basilikum
- 200 g Tomaten
- 1 EL Rotweinessig
- Salz, schwarzer Pfeffer
- 3 EL gutes Olivenöl
- 1 Kugel (Büffel-)Mozzarella (ca. 125 g)

SALATE * 23

GEMÜSE & KARTOFFELN

CRASHKURS FRÜHLINGSGEMÜSE

Ob rein weiß oder mit violetten Spitzen ist beim **weißen Spargel** Geschmackssache – der violette ist kräftiger.

Grüner Spargel macht kaum Arbeit beim Vorbereiten, ist schneller gar und hat sogar noch mehr Vitamine.

Bei **Radieschen** schmecken außer den Knollen auch die Blätter. Diese kann man in Suppen oder Saucen rühren.

Eine **Vitaminspritze** für alle Wintermüden sind zarte Frühlingskräuter wie Kerbel oder auch junger Schnittlauch.

KLEINE FRÜHLINGSGEMÜSEKUNDE

Weißer Spargel ist je nach Wetter aus heimischem Anbau ab Mitte bis Ende April zu haben, seine Saison endet traditionell am 24. Juni. Er wird gestochen, kurz bevor seine Spitzen aus der Erde brechen, deshalb bleibt er weiß. Spargel mit violetten Spitzen hingegen hat bereits ein wenig aus der Erde gespitzt. Er hat fast immer einen kräftigeren Geschmack mit einer leichten Bitternote. Bei frischem Spargel sollten die Schnittstellen feucht sein, und die gesamten Stangen müssen knackig aussehen. Um das prüfen zu können, sollten Sie Spargel besser lose als im verpackten Bund kaufen. Richtig aufbewahrt wird Spargel in ein feuchtes Tuch eingeschlagen im Kühlschrank. So hält er sich bis zu zwei Tage.

Grüner Spargel wächst nicht in, sondern oberhalb der Erde, bildet durch den Lichteinfluss Chlorophyll und wird deshalb grün. Er hat einen intensiven Geschmack und muss kaum geschält werden. Da grüner Spargel in den südeuropäischen Ländern sehr beliebt ist, kommt er aus Italien oft schon im März zu uns in die Geschäfte. Die Stangen sollten knackig und frisch sein, die Köpfe nicht allzu stark geöffnet.

Radieschen zeigen uns den Frühling an. Sie sind eine Unterart des **Rettichs**, der selbst ein wenig später auf den Markt kommt, und schmecken etwas milder als dieser. Radieschen mit ihrem hohen Vitamin-C-Gehalt werden hauptsächlich roh gegessen, sie schmecken aber auch gegart.

Frische Erbsen und **dicke Bohnen** in den Hülsen kommen im Frühling aus Italien und anderen südlichen Ländern zu uns. Bei diesem jungen Gemüse die Erbsen bzw. Kerne einfach aus den Hülsen lösen und in Salzwasser bissfest garen.

Junge **Kräuter** ergänzen die leichte frische Frühlingsküche auf das Feinste. Zarter Kerbel, der erste Schnittlauch aus dem Freiland, Brunnenkresse und Co. am besten roh über die Gerichte streuen oder nur ganz kurz mitgaren. Ebenfalls fein: die mildwürzigen **Frühlingszwiebeln**, die man mit einem Teil des knackigen Grüns isst.

1. GRÜNER SPARGEL AUS DEM WOK (FÜR 2 PERSONEN)

1. 500 g grünen Spargel waschen. Enden großzügig abschneiden. Nur wenn er sich schwer schneiden lässt, ihn unten dünn schälen.

2. Die Spitzen abschneiden. Stangen schräg in 1–2 cm dicke Scheiben schneiden. In 2 EL Öl im Wok 2–3 Min. braten. Spitzen zugeben.

3. 2–3 Min. weiterbraten. Je 1/2 TL gehackten Knoblauch und Ingwer, 2 EL Sojasauce und 50 ml Brühe zugeben. Salzen, mit Reis essen.

2. WEISSER SPARGEL AUS DER FOLIE (FÜR 2 PERSONEN)

1. 500 g weißen Spargel waschen. Etwa 2 cm unterhalb der Spitzen beginnend schälen. Oben dünn, zum Ende etwas dicker schälen.

2. Die Spargelenden abschneiden. Spargelstangen nebeneinander auf ein Stück Alufolie (glänzende Seite nach oben) legen.

3. 1 EL Butterflöckchen darauf geben, Spargel salzen. Folie verschließen. Im Ofen bei 180° (Mitte, Umluft 160°) ca. 50 Min. backen.

3. GRÜNE ERBSEN MIT MINZE (FÜR 2 PERSONEN)

1. 750 g frische Erbsenschoten mit den Fingern aufbrechen, die Erbsen aus den Schotenhälften streifen. Ausbeute: ca. 300 g Erbsen.

2. Die Erbsen in kochendem Salzwasser in 6–8 Min. bissfest kochen. Dann in ein Sieb abgießen und kurz kalt abschrecken.

3. Die Blätter von 1 Bund Minze hacken, mit der Schale von 1/2 Bio-Zitrone in 40 g Butter andünsten. Mit den Erbsen mischen, salzen.

www.küchengötter.de/vegivideos

GEMÜSE & KARTOFFELN * 27

CRASHKURS SOMMERGEMÜSE

Tomaten gibt es jeden Sommer in noch größerer Sortenvielfalt. Im Salat ideal sind leicht grüne Fleischtomaten.

Salatgurken gibt's in groß und mini. **Schmorgurken** mit ihrer recht harten Schale schmecken geschält besser.

Ob grün oder gelb, **Zucchini** am besten jung und zart kaufen. Runde Zucchini sind gefüllt besonders hübsch.

Gemüsemais gibt es im Sommer am Kolben zu kaufen. Diese einfach kochen oder grillen und mit Butter essen.

KLEINE SOMMERGEMÜSEKUNDE

Auberginen schmecken gebraten am besten, roh sind sie schwer verdaulich. Reife Auberginen haben eine eher matte Haut und geben auf Druck leicht nach.

Blumenkohl und **Brokkoli** sind besonders vitaminreich, vor allem enthalten sie viel Vitamin C. Blumenkohl sollte hell und ohne braune Stellen, Brokkoli kräftig grün sein. Damit Brokkoli seine intensive Farbe behält, ihn nicht zu lange garen bzw. nach dem Garen abschrecken.

Fenchel schmeckt kräftig und leicht nach Anis. Er muss an den Schnittstellen frisch, das zarte Grün knackig aussehen. Fenchel schmeckt roh, gedünstet und gebraten.

Grüne Bohnen sind roh unverträglich und müssen immer ausreichend lange (ca. 8 Min.) gegart werden. Man unterscheidet schlanke zarte und breite Bohnen. In jedem Fall werden nach dem Waschen die Enden abgeschnitten und eventuell die Fäden abgezogen. Alle Arten von grünen Bohnen schmecken als Gemüse oder Salat.

Mais ist im Sommer auf dem Markt mit den Hüllblättern im Angebot. Diese nach und nach ablösen, dann auch die kleinen Härchen sorgfältig abziehen. Die Kolben anschließend in Salzwasser kochen oder auf dem Grill bzw. in der Pfanne braten. Man kann aber auch die Körner dicht am Kolben mit einem langen Messer abschneiden und garen.

Paprikaschoten schmecken roh und gegart gut. Grüne wurden unreif geerntet, rote und gelbe sind ausgereift. Sie sind daher vitaminreicher und leichter verdaulich.

Tomaten sind im Sommer unentbehrlich. Feste, knackige roh essen und sehr reife, weiche zum Garen verwenden.

Gurken und Zucchini schmecken beide roh und gegart gut; am besten, wenn sie jung und die Kerne noch klein und sehr weich sind. Das milde Gemüse nur zurückhaltend würzen.

1. GRÜNE-BOHNEN-SALAT (FÜR 2 PERSONEN)

1. 250 g grüne Bohnen waschen, die Enden abschneiden. Falls sich dabei an einer der Seiten Fäden lösen, diese mit abziehen.

2. 4–5 Zweige Bohnenkraut mit Wasser und Salz erhitzen. Bohnen halbieren und darin in 8–12 Min. bissfest kochen, abgießen.

3. 1 Frühlingszwiebel putzen, waschen, hacken. Mit 1/2 TL Dijon-Senf, 1 EL Zitronensaft, 2 EL Olivenöl und Salz unter die Bohnen rühren.

2. BROKKOLI MIT PINIENKERN-BUTTER (FÜR 2 PERSONEN)

1. 1 Brokkoli (ca. 300 g) waschen. Die einzelnen Röschen abschneiden. Die Stiele schälen, in dünne Scheiben oder Würfel schneiden.

2. Salzwasser zum Kochen bringen. Den Brokkoli darin in ca. 5 Min. bissfest kochen. In ein Sieb abgießen und kurz kalt abschrecken.

3. 2 EL Pinienkerne in einer Pfanne in 1 1/2 EL Butter bei mittlerer Hitze goldgelb braten. Den Brokkoli untermischen, salzen und pfeffern.

3. FENCHEL-TOMATEN-GEMÜSE (FÜR 2 PERSONEN)

1. 1 dicke Fenchelknolle waschen, die Stiele und alle braunen Stellen abschneiden, Fenchel längs vierteln. Das zarte Grün aufheben.

2. Strunk jeweils herausschneiden. Fenchel in dünne Streifen schneiden, in 2 EL Olivenöl ca. 3 Min. anbraten, salzen und pfeffern.

3. 200 g Tomaten häuten (s. S. 12), würfeln. Mit 2–3 EL Wasser unter den Fenchel rühren, in 5 Min. bissfest garen. Fenchelgrün aufstreuen.

GEMÜSE & KARTOFFELN

CRASHKURS HERBSTGEMÜSE

Kürbis – riesig oder klein, innen kräftig orange oder gelb. Und wie das Aussehen ist auch der Geschmack vielfältig.

Kohl dominiert im Herbst den Gemüsestand – in glatt oder kraus, von hellgrün bis kräftig grün oder violett.

Rüben in großer Vielfalt werden im Herbst auf vielen Märkten angeboten: Steckrüben, Pastinaken, Rote Rüben …

Topinambur wächst wie die Kartoffel unter der Erde, erinnert im Geschmack aber eher an Artischocken.

KLEINE HERBSTGEMÜSEKUNDE

Kohl – ob Spitzkohl, Weißkohl, Wirsing oder Rotkohl – hat eine ganze Menge Vitamin C zu bieten. Er schmeckt roh und gedünstet sehr gut. Weiß- und Rotkohlköpfe sollen fest sein, Wirsing und Spitzkohl sollten knackig frisch aussehen.

Kürbis gibt es seit einigen Jahren in ständig größer werdender Sortenvielfalt zu kaufen. War früher vor allem der sehr milde Riesenkürbis im Angebot, kann man heute auch zwischen einigen aromatischen Sorten wählen. Besonders gut schmecken der kräftig orange Muskatkürbis, Hokkaidokürbis (der sogar im Sommer zu haben ist) und der birnenförmige Butternut-Kürbis, der als einziger keine Kerne hat.

Pastinaken sehen aus wie Petersilienwurzeln. Sie schmecken aromatisch und leicht süßlich und werden wie Möhren geschält, die sie im Vitamin- und Mineralstoffgehalt noch übertreffen. Sie schmecken roh, gedünstet und gebraten.

Rote Beten gibt es zwar auch schon im Sommer, aber erst im Herbst kommen die dicken Knollen, die sich gut lagern lassen, auf die Märkte. Beim Kauf müssen Rote Beten prall und fest sein. Beim Schälen sondern die Knollen – gleich ob roh oder gekocht – einen roten Saft ab, der sich hartnäckig an den Fingern hält. Deshalb am besten mit dünnen Plastikhandschuhen arbeiten.

Steckrüben mit ihrem leicht herben Geschmack enthalten eine ganze Menge Vitamine und Mineralstoffe. Die Rüben mit dem weißen bis gelblichen Fleisch werden mit dem Sparschäler geschält und am besten gegart. Gut schmecken sie in Suppen, als Püree oder auch gebraten.

Topinambur ist mit der Sonnenblume verwandt und hat wie sie gelbe Blüten. Gegessen werden allerdings nur die knollig verdickten Wurzeln. Sie sind reich an Vitaminen und Mineralstoffen und enthalten darüber hinaus das diabetikerverträgliche Kohlenhydrat Inulin, das den Blutzucker nicht erhöht. Topinamburknollen roh schälen, am besten mit dem Sparschäler, und gleich in Zitronenwasser legen, damit sie sich nicht verfärben, gegart die Schale Stück für Stück ablösen.

1. KÜRBISPÜREE (FÜR 2 PERSONEN)

1. Aus einem Stück Kürbis (500 g) die Kerne und das faserige Fleisch aus der Mitte herausschneiden oder mit dem Löffel herausschaben.

2. Das Stück seitlich aufs Brett legen, die Schale Stück für Stück abschneiden. Kürbis und 1 geschälte Kartoffel würfeln.

3. In Salzwasser in 15–20 Min. weich kochen, abgießen, mit dem Kartoffelstampfer zerdrücken. Mit 1 EL Butter und 2 EL Sahne mischen.

www.küchengötter.de/vegivideos

2. ROTE-BETE-SALAT MIT KÜMMEL (FÜR 2 PERSONEN)

1. 300 g gleich große Rote Beten in einem Topf von Wasser bedeckt zum Kochen bringen. In 40–60 Min. zugedeckt weich kochen, abgießen.

2. Die Rüben abkühlen lassen, mit Gummihandschuhen schälen (oder danach Hände gründlich waschen) und in dünne Scheiben schneiden.

3. 1 EL Apfelessig mit 1 Prise Zucker, Salz, Pfeffer, 1 TL Kümmelsamen und 2 EL Rapsöl cremig schlagen, mit den Rüben mischen.

3. GEBRATENER TOPINAMBUR (FÜR 2 PERSONEN)

1. 400 g Topinambur mit der Gemüsebürste unter fließendem Wasser säubern. In Salzwasser zugedeckt in 20–30 Min. weich kochen.

2. Die Knollen kurz kalt abschrecken und abkühlen lassen. Die Schale Stück für Stück abziehen. Topinambur in Scheiben teilen.

3. Die Scheiben in jeweils 1 EL Butter und Öl bei mittlerer Hitze 5 Min. braten. Salzen, pfeffern und mit Bio-Orangenschale würzen.

www.küchengötter.de/vegivideos

GEMÜSE & KARTOFFELN ⁂ 31

CRASHKURS WINTERGEMÜSE

Grünkohl gibt's vor allem in Norddeutschland. Schade, denn er liefert eine Menge Vitamine und Mineralstoffe.

Rosenkohl soll beim Einkauf schön grün und fest aussehen. Gelbe Blätter sind welk und daher unerwünscht.

Schwarzwurzeln erinnern im Geschmack etwas an Spargel, weshalb sie auch Winterspargel heißen.

Winterspinat wird auch Wurzelspinat genannt. Er hat so feste Blätter, dass er immer gegart serviert wird.

KLEINE WINTERGEMÜSEKUNDE

Grünkohl braucht Frost, um seinen Geschmack voll zu entwickeln und bekömmlicher zu werden. Der Kohl mit den krausen festen Blättern enthält enorm viel Provitamin A und Vitamin C und ist daher im Winter ein wertvoller Vitalstofflieferant. Grünkohl immer gut waschen, um auch den Schmutz zwischen den Blattkrausen zu entfernen. Die Blätter anschließend von den dicken Stielen abstreifen oder -schneiden. Dann bissfest (nicht zu weich) dünsten oder kochen.

Rosenkohl ist das kleinste Mitglied der großen Kohlfamilie und schmeckt ebenfalls erst so richtig gut, wenn er Frost abbekommen hat. Denn durch die starke Kälte steigt der Zuckergehalt, und der Kohl wird bekömmlicher. Rosenkohl enthält reichlich Mineralstoffe und Provitamin A. Von den Kohlköpfchen jeweils die welken Blätter entfernen und den Stielansatz abschneiden. Den Strunk kreuzweise einschneiden und den Kohl in wenig Flüssigkeit bissfest dünsten.

Sauerkraut gibt es natürlich das ganze Jahr über, aber gerade im Winter trägt es zu einer ausreichenden Zufuhr an Vitamin C bei. Sauerkraut entweder roh als Salat anmachen oder – z. B. mit Zwiebeln und Äpfeln – weich schmoren.

Schwarzwurzeln haben eine schwarze harte Schale, unter der sich ein weißes Fruchtfleisch verbirgt. Beim Schälen tritt daraus ein milchiger Saft aus, der die Schwarzwurzeln braun werden lässt, wenn man sie nicht gleich in Zitronen- oder Essigwasser legt. Außerdem trägt man beim Vorbereiten am besten Gummihandschuhe, denn der Saft verfärbt sonst auch die Hände. Schwarzwurzeln werden immer gegart und schmecken als Salat, mit heller Sauce oder als Gratin.

Spinat ist im Winter nicht so zart wie die Frühsommersorten mit ihren feinen Blättern. Die festen, leicht gewellten Blätter werden mitsamt der Wurzel geerntet. Sie sollen beim Einkauf knackig und fest aussehen. Man muss die Blattrosetten sehr gut waschen, damit der Sand vollständig entfernt wird.

1. FRITTIERTE SCHWARZWURZELN (FÜR 2 PERSONEN)

1. 400 g Schwarzwurzeln unter fließendem kaltem Wasser abbürsten, mit dem Sparschäler schälen und gleich in Essigwasser legen.

2. In 5 cm lange Stücke schneiden, in Salzwasser 5 Min. vorkochen, abschrecken. 100 g Mehl mit 1 Ei und 200 ml Bier oder Wein anrühren.

3. In einem Topf 5 cm hoch Frittierfett erhitzen. Die Schwarzwurzeln durch den Teig ziehen und 4–5 Min. frittieren, dann abtropfen lassen.

www.küchengötter.de/vegivideos

2. WURZELSPINAT MIT ZITRONENÖL (FÜR 2 PERSONEN)

1. Von 600 g Wurzelspinat dicke Stiele abknipsen, welke Blätter aussortieren. Spinat in kaltem Wasser mehrmals durchschwenken.

2. Im großen Topf Salzwasser aufkochen. Spinat einlegen, zusammenfallen lassen. Dann den Spinat in einem Sieb abtropfen lassen.

3. 2 Knoblauchzehen in Scheiben in 4 EL Olivenöl dünsten. Geriebene Schale von 1/2 Bio-Zitrone zugeben. Spinat untermischen, salzen.

3. GRÜNKOHL MIT ZWIEBELN (für 2 Personen)

1. 500 g Grünkohl gründlich waschen, er kann ziemlich sandig sein. Die Blätter von den Stielen streifen bzw. schneiden.

2. 1 große rote Zwiebel schälen, vierteln, in Streifen schneiden. Mit dem Grünkohl in 1 EL Butter andünsten. Mit 1/8 l Brühe aufgießen.

3. Den Grünkohl zugedeckt bei schwacher Hitze in ca. 15 Min. bissfest kochen. Mit 2 EL Crème fraîche, Salz und Pfeffer abschmecken.

GEMÜSE & KARTOFFELN * 33

CRASHKURS ASIA-GEMÜSE

Ob rot oder grün, bei **Chilischoten** gilt als Faustregel: Je kleiner, umso schärfer. Und: Zur Sicherheit vorher testen.

Frischer **Ingwer** muss saftige Schnittstellen haben, die Knolle an sich soll fest und prall aussehen. Kühl lagern.

Zitronengras und Zitronenblätter bringen frisches Aroma in die Küche. Beide lassen sich tiefkühlen.

Koriandergrün sorgt für fernöstliche Würze. Am besten im Asienladen mit Wurzel kaufen, so bleibt es länger frisch.

KLEINE ASIATISCHE ZUTATENKUNDE

Chilischoten bekommt man frisch in Rot oder Grün und in verschiedenen Größen. Zum Schneiden am besten Gummihandschuhe tragen, denn die Schärfe haftet ziemlich lange an den Fingern. Sehr unangenehm, wenn man sich z. B. die Augen reibt. Da die Schärfe der Schoten stark variiert, zunächst vorsichtig dosieren und lieber später nachwürzen.

Ingwer gibt es frisch und getrocknet, eingelegt und kandiert. Getrockneter gemahlener Ingwer aber hat kein gutes Aroma, Ingwer also besser frisch verwenden. Beim Einkauf immer nur so viel von einer verzweigten Wurzel abbrechen, wie man innerhalb von ca. 1 Monat verbraucht. Beim Zubereiten den Ingwer wie eine Kartoffel dünn schälen, dann entweder in Scheiben schneiden und hacken, auf der Rohkostreibe fein reiben oder durch die Knoblauchpresse drücken.

Koriandergrün hat ein sehr intensives Aroma und sollte deshalb immer eher sparsam eingesetzt werden. Das Kraut mit dem leicht pfeffrigen Geschmack gibt es im Asienladen oder am Kräuterstand. Noch besser: Es als Pflanze im Topf kaufen. Koriander nicht mitgaren, sondern erst über die fertigen Gerichte streuen. Ebenfalls beliebt in der asiatischen Küche: das aromatische **Thai-Basilikum** und frische **Minze.**

Zitronengras bekommt man in vielen größeren Supermärkten. Es wird nach dem Putzen grob (dann später herausfischen) oder sehr fein (zum Mitessen) geschnitten. Es lässt sich im Ganzen und auch zerkleinert einfrieren. **Zitronenblätter** sind die Blätter des Kaffirlimettenbaums, sie werden im Ganzen in Suppen und Eintöpfen mitgegart und geben ebenfalls ein frisches Zitronenaroma. Man bekommt sie im Asienladen und kann sie ebenfalls einfrieren.

Zusatzwürze zum Verfeinern oder zum Nachwürzen beim Essen gibt der grüne japanische Meerrettich **Wasabi** (als Paste in der Tube), eventuell mit Sojasauce verrührt. Auch fein: Gewürzmischungen wie **Garam masala** zum Bestreuen.

34 ★ GEMÜSE & KARTOFFELN

1. CHILISCHOTEN VORBEREITEN

1. Zum Schutz vor Schärfe am besten Einmal-Handschuhe anziehen. Die Chilischoten waschen und den Stiel abschneiden.

2. Die Schote der Länge nach halbieren. Jetzt kann man die Schärfeprobe machen: Den Finger an eine Schittstelle halten und ablecken.

3. Die Schärfe des Gerichts kann man beeinflussen. Mit Kernen ist die Schote besonders scharf. Also die ggf. mit den Häuten entfernen.

2. ZITRONENGRAS VORBEREITEN

1. Die ganze Stange kalt abspülen und die Enden auf beiden Seiten abschneiden. Die äußere Schicht der Zitronengrasstange ablösen.

2. Jetzt die Stange entweder in große (3–4 cm lange) Stücke schneiden und mitgaren. So gibt sie Aroma ab und lässt sich nachher entfernen.

3. Oder aber das Zitronengras ganz fein hacken, dann kann man es mitessen, und das Gericht bekommt noch mehr Zitrus-Aroma.

www.küchengötter.de/vegivideos

3. INGWER VORBEREITEN

1. Von der Ingwerknolle das benötigte Stück abbrechen oder -schneiden. Die Schale mit einem kleinen Messer gründlich abschälen.

2. Das Ingwerstück jetzt zuerst in dünne oder dicke Scheiben schneiden. Dickere Scheiben kann man mitgaren und wieder herausfischen.

3. Dünne Scheiben werden in Stifte geschnitten oder fein gehackt. Auch möglich: Das Ingwerstück durch die Knoblauchpresse drücken.

www.küchengötter.de/vegivideos

GEMÜSE & KARTOFFELN ★ 35

CRASHKURS KARTOFFELN

Neue Kartoffeln kommen früh im Jahr in den Handel. Wegen ihrer dünnen Haut muss man sie bald zubereiten.

Lagerkartoffeln enthalten viel Stärke und haben eine robuste Haut. Je später geerntet, desto länger lagerfähig.

Bunte Kartoffeln machen was her, vor allem die mit violettem Fleisch. Auch dekorativ: rotschalige Kartoffeln.

Süßkartoffeln sind nicht mit den Kartoffeln verwandt, werden aber genauso verwendet: gebraten oder als Püree.

KLEINE KARTOFFELKUNDE

Festkochende Sorten werden auch Salatkartoffeln oder speckige Kartoffeln genannt. Sie haben den geringsten Stärkegehalt, bleiben beim Garen fest und platzen nicht auf. Da sie auch in Scheiben geschnitten stabil bleiben, sind festkochende Kartoffeln für Salate ideal, aber auch gebraten fein. Viele bevorzugen sie auch als Salz- oder Pellkartoffeln. Die meisten frühen Sorten sind festkochend, weil sie kaum Stärke enthalten. Allerdings sind sie oft noch etwas wässrig und daher nicht besonders aromatisch.

Vorwiegend festkochende Sorten sind sozusagen Allroundkartoffeln. Sie weisen einen mittleren Stärkegehalt auf, bleiben beim Garen eher fest und platzen nur manchmal auf. Sie sind aber nicht ganz so saftig wie festkochende Sorten. Mit ihnen kann man alle Kartoffelgerichte zubereiten – wer also nur eine Kartoffelsorte zu Hause haben möchte, greift zu vorwiegend festkochenden Kartoffeln.

Mehligkochende Kartoffeln enthalten am meisten Stärke, werden beim Garen relativ trocken, und ihre Schale platzt fast immer auf. Sie schmecken am besten in Gerichten, die cremig sein sollen, also in Suppen oder als Püree, eignen sich aber auch als Salz- oder Pellkartoffeln, wenn man gerne eher trockene Kartoffeln mag. In der Regel haben sie den kräftigsten Geschmack und lassen sich am besten lagern.

Apropos lagern: Kartoffeln immer dunkel, kühl und luftig lagern. Also in jedem Fall aus der Plastiktüte nehmen, sonst schwitzen sie und fangen an zu schimmeln. Lagern Kartoffeln zu hell, bilden sich schnell Triebe und grüne Stellen. Die grünen Stellen enthalten das giftige **Solanin** und müssen vor oder nach dem Garen immer großzügig entfernt werden.

Süßkartoffeln sind ein Sonderfall. Sie haben ein gelbliches bis rötliches Fleisch, das süßlich schmeckt. Die Batate, wie die Süßkartoffel auch heißt, wird wie die Kartoffel geschält und kann gekocht, gebraten und gebacken werden.

1. KARTOFFELTORTILLA (FÜR 2 PERSONEN)

1. 500 g Kartoffeln schälen, dann waschen und in ca. 1 cm große Würfel schneiden. In einer Pfanne (20 cm Ø) 4 EL Olivenöl erhitzen.

2. Kartoffeln darin bei schwacher Hitze 10 Min. vorgaren. Oft umrühren. 5 Eier verquirlen, Kartoffeln untermischen, salzen und pfeffern.

3. Masse mit 1 EL Öl in der Pfanne 5 Min. braten. Auf einen Teller gleiten lassen, in die Pfanne stürzen und nochmals 5 Min. braten.

2. GNOCCHI (FÜR 2 PERSONEN)

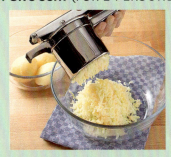   

1. 400 g vorwiegend festkochende Kartoffeln in der Schale in Wasser weich kochen. Noch heiß schälen, durch die Kartoffelpresse drücken.

2. Lauwarm abkühlen lassen, dann mit 125 g Mehl aus Hartweizen (Feinkostitaliener), 1 Eigelb und Salz zum Teig kneten.

3. Aus dem Teig auf Mehl daumendicke Rollen formen, 1 cm lange Stücke abschneiden. In Salzwasser in 10 Min. gar ziehen lassen.

www.küchengötter.de/vegivideos

3. OFENKARTOFFELN (FÜR 2 PERSONEN)

1. 500 g vorwiegend festkochende Kartoffeln unter fließendem Wasser gründlich bürsten oder schälen. Die Kartoffeln längs halbieren.

2. Ein Backblech leicht ölen und nach Belieben mit Kümmelsamen, getrockneten Kräutern oder Chiliflocken bestreuen.

3. Die Kartoffeln salzen und mit der Schnittfläche nach unten aufs Blech setzen. Bei 200° (Umluft 180°) ca. 30 Min. backen.

GEMÜSE & KARTOFFELN

WOKGEMÜSE

1 Den Kohlrabi schälen und alle holzigen Stellen abschneiden. Kohlrabi erst in ca. 1/2 cm dicke Scheiben, dann in ebenso breite Streifen schneiden. Die Paprikaschote waschen, putzen und in Streifen schneiden. Den Brokkoli waschen und die Röschen abschneiden. Die Stiele schälen und ebenfalls in Streifen teilen.

2 Die Zwiebel schälen und halbieren, dann in schmale Streifen schneiden. Den Knoblauch und den Ingwer schälen und in dünne Scheiben schneiden. Die Chilischote, falls verwendet, waschen und mit oder ohne Kerne in Ringe schneiden.

3 Den Wok erhitzen und das Öl hineingießen. Kohlrabi und Brokkoli im Öl unter Rühren bei mittlerer Hitze 4–5 Min. braten. Das übrige Gemüse, Zwiebel, Knoblauch, Ingwer und Chili dazugeben und das Ganze weitere 4–5 Min. braten, bis das Gemüse bissfest ist.

4 Die Sojasaucen mit dem Limettensaft, mit Brühe und Sesamöl mischen und zum Gemüse rühren. Mit Salz und Pfeffer abschmecken und vor dem Servieren nach Belieben Koriander aufstreuen.

★ **DAS SCHMECKT DAZU** Basmatireis

FÜR 2 PERSONEN
ZUBEREITUNG: 30 MIN.
PRO PORTION CA. 375 kcal
11 g EW, 16 g F, 45 g KH

- 1 Kohlrabi
- 1 rote Paprikaschote
- 1 Brokkoli (ca. 300 g)
- 1 rote Zwiebel
- 2 Knoblauchzehen
- 1 Stück Ingwer (ca. 2 cm)
- 1 rote Chilischote (nach Belieben)
- 2 EL Öl
- 100 g Maiskörner (frisch abgelöst oder aus dem Glas)
- 3 EL Sojasauce
- 1 EL süße Sojasauce (Ketjap manis)
- 1 EL Limettensaft (oder Zitronensaft)
- 50 ml Gemüsebrühe (oder Gemüsefond)
- 1 TL Sesamöl
- Salz, schwarzer Pfeffer
- 1 EL Korianderblättchen (nach Belieben)

38 ★ GEMÜSE & KARTOFFELN

SPARGEL MIT KERBELSCHAUM

FÜR 2 PERSONEN
ZUBEREITUNG: 30 MIN.
PRO PORTION CA. 365 kcal
9 g EW, 25 g F, 15 g KH

1 kg weißer Spargel
Salz
1 TL Zucker
1/2 EL Zitronensaft

FÜR DEN KERBELSCHAUM:
1 Schalotte
1 Handvoll Kerbel
1/8 l trockener Weißwein (eventuell zur Hälfte durch trockenen Wermut wie Noilly Prat ersetzen)
1/8 l Gemüsebrühe (oder Gemüsefond)
75 g Sahne
30 g kalte Butter
Salz, schwarzer Pfeffer
1 TL Zitronensaft

1 Den Spargel waschen und die Enden abschneiden. Die Stangen gründlich schälen. In einem großen Topf ca. 2 l Wasser zum Kochen bringen, salzen, den Zucker und den Zitronensaft unterrühren. Den Spargel darin bei mittlerer Hitze bei halb aufgelegtem Deckel in ca. 15 Min. bissfest kochen.

2 Schon während das Wasser heiß wird, für die Sauce die Schalotte schälen und fein würfeln. Den Kerbel waschen und trocken schütteln, dicke Stiele abknipsen.

3 Die Schalotte und die Kerbelstiele mit dem Wein und der Brühe in einem Topf zum Kochen bringen und 5 Min. kochen lassen. Den eingekochten Wein durch ein Sieb in einen anderen Topf umgießen. Die Schalotte im Sieb leicht ausdrücken und wegwerfen.

4 Von der Sahne 2 EL abnehmen und steif schlagen, den Rest zum Wein geben und alles in weiteren 5 Min. leicht einkochen. Die Butter in Würfel schneiden und unterschlagen. Die Sauce mit Salz, Pfeffer und dem Zitronensaft abschmecken, die geschlagene Sahne unterheben. Kerbelblättchen fein hacken und untermischen. Spargel aus dem Wasser heben, mit der Sauce servieren.

★ DAS SCHMECKT DAZU neue Kartoffeln

FÜR 2 PERSONEN
ZUBEREITUNG: 45 MIN.
PRO PORTION CA. 365 kcal
14 g EW, 21 g F, 26 g KH

FÜR DAS GEMÜSE:
250 g grüne Bohnen
ein paar Zweige Bohnenkraut (nach Belieben)
Salz, 1 Kohlrabi
2 Frühlingszwiebeln
1 Knoblauchzehe
1/2 EL Butter
100 ml Gemüsebrühe
1/2 Bio-Zitrone
1 EL Crème fraîche
(oder Mascarpone)
1 TL scharfer Senf
Basilikumblättchen zum Bestreuen

FÜR DIE KÄSEBROTE:
100 g Brie am Stück
3 Scheiben Toastbrot

KOHLRABI-BOHNEN-GEMÜSE MIT ZITRONE

1 Die Bohnen waschen und die Enden abschneiden. Falls sich dabei Fäden lösen, diese abziehen. Das Bohnenkraut waschen und trocken schütteln. In einem Topf Wasser mit Salz und Bohnenkraut zum Kochen bringen. Die Bohnen darin in ca. 8 Min. bissfest garen, dann kalt abschrecken und abtropfen lassen.

2 Inzwischen den Backofen auf 250° (Umluft 220°) vorheizen. Den Kohlrabi schälen und erst in ca. 1 cm dicke Scheiben, dann in ebenso breite Stifte schneiden. Die Frühlingszwiebeln putzen und waschen, die weißen und hellgrünen Teile in feine Ringe schneiden. Den Knoblauch schälen und fein hacken. Die Butter in einem Topf zerlassen. Kohlrabi, Zwiebelringe und Knoblauch darin andünsten. Brühe angießen und den Kohlrabi zugedeckt bei schwacher Hitze in ca. 10 Min. bissfest garen.

3 Inzwischen für die Käsebrote den Brie in knapp 1 cm dicke Scheiben schneiden und auf den Broten verteilen. Die Zitronenhälfte heiß waschen und abtrocknen. Die Schale fein abreiben und den Saft auspressen.

4 Die Bohnen halbieren oder dritteln, mit der Zitronenschale und der Crème fraîche zum Kohlrabi geben. Senf und 3 TL Zitronensaft unterrühren. Das Gemüse mit Salz abschmecken. Die Brote auf dem Blech in den Ofen (Mitte) schieben und 3–5 Min. backen, bis der Käse leicht braun ist. Diagonal halbiert zu dem mit Basilikum bestreuten Gemüse servieren.

40 * GEMÜSE & KARTOFFELN

FÜR 2 PERSONEN
ZUBEREITUNG: 40 MIN.
PRO PORTION CA. 260 kcal
7 g EW, 13 g F, 28 g KH

- 1 Döschen Safranfäden (0,1 g)
- 100 ml Gemüsebrühe
- 1 Stück Kürbis (ca. 400 g)
- 2 Stangen Staudensellerie
- 1 junger Zucchino
- 2 Tomaten
- 1 rote Zwiebel
- 2 Knoblauchzehen
- 50 g Datteln
- 2 EL Olivenöl
- 1/2 TL Harissa (orientalische scharfe Paprikapaste, ersatzweise Sambal oelek)
- 1/4 TL Zimtpulver
- Salz
- 1/2 Bio-Zitrone oder -Orange
- 1/2 Bund Petersilie
- 150 g Joghurt (oder saure Sahne)
- 1 TL gemahlener Koriander

ORIENTALISCHER GEMÜSETOPF

1 Den Safran leicht zwischen den Fingern zerreiben und in die Gemüsebrühe rühren. Kürbis schälen, putzen und knapp 2 cm groß würfeln. Sellerie waschen, putzen und die Enden abschneiden. Die Stangen in Scheiben schneiden. Falls sich dabei Fäden lösen, diese abziehen. Zarte Sellerieblättchen beiseitelegen. Zucchino waschen, putzen und in 2 cm große Würfel schneiden. Tomaten häuten (s. S. 12) und klein würfeln.

2 Die Zwiebel und die Knoblauchzehen schälen und fein würfeln. Die Datteln halbieren und den Stein herauslösen. Das Öl in einem Topf erhitzen. Den Kürbis, den Sellerie und den Zucchino darin anbraten. Zwiebel und Knoblauch untermischen, dann die Tomaten, die Datteln und die Safranbrühe dazurühren. Das Gemüse mit dem Harissa, mit Zimt und Salz abschmecken und zugedeckt bei schwacher Hitze in 8–10 Min. bissfest schmoren.

3 Inzwischen die Zitronen- bzw. Orangenhälfte heiß waschen, abtrocknen und die Schale fein abreiben. Petersilie waschen und trocken schütteln. Die Blättchen abzupfen und fein hacken. Den Joghurt mit Salz und Koriander abschmecken.

4 Das Gemüse mit Zitrusschale und eventuell etwas Salz würzen, die Petersilie unterrühren. Den Joghurt dazuservieren.

★ **DAS SCHMECKT DAZU** Fladenbrot oder Couscous und ein Tomatensalat mit Frühlingszwiebeln und Minze

GEMÜSE & KARTOFFELN ★ 41

MÖHRENPUFFER MIT KRÄUTERSCHMANT

FÜR 2 PERSONEN
ZUBEREITUNG: 30 MIN.
PRO PORTION CA. 390 kcal
9 g EW, 32 g F, 17 g KH

FÜR DIE PUFFER:
250 g junge zarte Möhren
2 Frühlingszwiebeln
1 Knoblauchzehe
4 Zweige Thymian
2 EL Mehl

1 Ei (Größe L)
Salz
schwarzer Pfeffer
2 EL Olivenöl

FÜR DEN SCHMANT:
1/2 Bund Schnittlauch
1/2 Kästchen Gartenkresse
150 g Schmant
2 EL Joghurt
Salz, schwarzer Pfeffer

1 Die Möhren schälen, putzen und fein raspeln. Frühlingszwiebeln putzen und waschen, die weißen und hellgrünen Teile fein schneiden. Knoblauch schälen und durchpressen. Den Thymian waschen und trocken schütteln, die Blättchen abstreifen. Alle diese Zutaten mit dem Mehl und dem Ei verrühren, salzen und pfeffern.

2 Für den Schmant den Schnittlauch waschen und in Röllchen schneiden. Die Kresse vom Beet schneiden. Schmant und Joghurt mit Salz und Pfeffer verrühren, Kräuter untermischen.

3 Öl in einer Pfanne erhitzen. Aus der Möhrenmasse kleine Häufchen hineinsetzen, flach drücken und bei mittlerer Hitze pro Seite 3–4 Min. braten. Mit dem Schmant servieren.

42 * GEMÜSE & KARTOFFELN

GEGRILLTER KÜRBIS MIT OLIVENMARINADE

FÜR 2 PERSONEN
ZUBEREITUNG: 35 MIN. MARI-
NIEREN: 2–3 STD.
PRO PORTION CA. 225 kcal
2 g EW, 18 g F, 13 g KH

1 Stück Muskat- oder Butter-
   nutkürbis (ca. 500 g)
3 EL Olivenöl
Salz, Pfeffer
50 g schwarze Oliven
   (am besten ligurische
   Taggiasca-Oliven)

1 kleines Bund Petersilie
1/2 rote Chilischote
1 Frühlingszwiebel
1 Bio-Zitrone

1 Den Kürbis schälen und von den Kernen mitsamt dem faserigen Fruchtfleisch befreien. Den Kürbis in knapp 1 cm dicke Scheiben schneiden. Größere Scheiben halbieren oder dritteln. Die Scheiben nebeneinander auf ein mit Backpapier belegtes Backblech legen, mit 1 1/2 EL Olivenöl einpinseln und mit Salz und Pfeffer bestreuen.

2 Den Grill des Backofens anheizen. Den Kürbis mit gut 10 cm Abstand von den Grillschlangen einschieben und ca. 10 Min. grillen, bis die Scheiben schön braun sind.

3 Inzwischen das Olivenfleisch von den Steinen ablösen. Die Petersilie waschen und trocken schütteln, die Blättchen abzupfen. Das Chilistück waschen, die Frühlingszwiebel putzen und waschen, den weißen und hellgrünen Teil sowie Oliven, Petersilie und Chili fein hacken.

4 Die Zitrone heiß waschen und abtrocknen, die Schale fein abreiben. Den Saft auspressen. 1–2 EL Zitronensaft mit dem übrigen Olivenöl gut verrühren. Olivenmischung und Zitronenschale unterrühren und die Marinade salzen und pfeffern. Die Kürbisscheiben in eine Schale geben, die Marinade darüber verteilen. Den Kürbis bei Zimmertemperatur mindestens 2–3 Std. marinieren.

★ **TIPP** Mit Ciabatta als Vorspeise oder Imbiss servieren.

ROTE BETE MIT ORANGENSAUCE

1 Die Roten Beten mit Gummihandschuhen schälen und in ca. 1 cm große Würfel schneiden. Die Zwiebel schälen, vierteln und in schmale Streifen schneiden.

2 Die Butter und das Öl in einem Topf erhitzen, den Zucker darin auflösen. Rote Beten und Zwiebeln zugeben und bei mittlerer Hitze unter Rühren 2–3 Min. andünsten. Nach Belieben den Orangenlikör angießen und verdampfen lassen. Die Gemüsebrühe dazugeben, das Gemüse mit dem Koriander würzen und zugedeckt bei schwacher Hitze in ca. 25 Min. bissfest garen.

3 Inzwischen die Orange heiß waschen und abtrocknen, die Schale fein abreiben. Die Petersilie waschen und trocken schütteln, die Blättchen fein hacken. Oder die Kresse mit der Küchenschere vom Beet schneiden. Die Pistazienkerne fein hacken.

4 Die Crème fraîche und die Orangenkonfitüre zum Gemüse rühren, das Gemüse mit der Orangenschale, mit Salz und Pfeffer abschmecken. Den Schafskäse grob zerkrümeln und vor dem Servieren zusammen mit den Kräutern sowie den Pistazienkernen aufstreuen.

★ DAS SCHMECKT DAZU kleine neue Kartoffeln

FÜR 2 PERSONEN
ZUBEREITUNG: 35 MIN.
PRO PORTION CA. 520 kcal
13 g EW, 41 g F, 22 g KH

300 g Rote Beten
1 große rote Zwiebel
1 EL Butter
1 EL Öl
1 TL brauner Zucker
2 EL Orangenlikör
   (z. B. Grand Marnier;
   nach Belieben)

200 ml Gemüsebrühe
1/2 TL gemahlener
   Koriander
1 Bio-Orange
1/4 Bund Petersilie
   oder 1/2 Kästchen
   Gartenkresse
1 EL Pistazienkerne

100 g Crème fraîche
   (oder Schmant)
1 TL Orangenkonfitüre
Salz
Pfeffer
100 g Schafskäse (Feta)

44 ★ GEMÜSE & KARTOFFELN

OFENTOPINAMBUR

1 Den Backofen auf 180° vorheizen. Die Topinamburknollen wie Kartoffeln schälen, größere halbieren. Die Zwiebeln schälen und halbieren. Den Rosmarin waschen und trocken schütteln. Nadeln abzupfen.

2 Den Topinambur und die Zwiebelhälften mit Rosmarin und Olivenöl in einer ofenfesten Form mischen und salzen (siehe auch Tipp). Das Gemüse im Backofen (Mitte, Umluft 160°) ca. 45 Min. backen, bis es weich ist. Dabei ab und zu durchrühren.

3 Inzwischen die Birne vierteln, schälen und vom Kerngehäuse befreien. Birne in kleine Würfel schneiden. Frischen Pfeffer waschen und von der Rispe abstreifen, eingelegten abtropfen lassen. Pfeffer grob hacken. Schmant und saure Sahne cremig rühren. Birne und Pfeffer untermischen und den Schmant mit Salz abschmecken. Kresse vom Beet schneiden und aufstreuen. Gemüse mit dem Schmant servieren.

* **DAS SCHMECKT DAZU** Pellkartoffeln oder Brot

* **WÜRZ-TIPP** Besonders gut schmecken Topinambur und Zwiebeln, wenn man sie mit aromatisiertem Salz, z. B. mit Olivensalz, würzt.

FÜR 2 PERSONEN
ZUBEREITUNG: 30 MIN.
BACKEN: 45 MIN.
PRO PORTION CA. 395 kcal
8 g EW, 31 g F, 22 g KH

FÜR DIE TOPINAMBUR-
KNOLLEN:
400 g Topinambur
4 kleinere rote Zwiebeln
2 Zweige Rosmarin
3 EL Olivenöl
Salz

FÜR DEN BIRNEN-PFEF-
FER-SCHMANT:
1 kleine saftige Birne
1/2 EL grüner Pfeffer
(am besten frisch aus dem Asienladen; sonst eingelegt aus dem Glas)
100 g Schmant
(oder Crème fraîche)
50 g saure Sahne
Salz
1/2 Kästchen Gartenkresse

GEMÜSE & KARTOFFELN * 45

OFENGEMÜSE MIT SALSA VERDE

1 Den Backofen auf 220° vorheizen. Die Möhren und die Zwiebeln schälen und putzen, Möhren in 3–4 cm lange Stücke schneiden, die Zwiebeln achteln. Fenchel und Paprika waschen und putzen. Den Fenchel längs achteln, den Strunk dabei aus der Mitte heraustrennen. Paprika in Streifen schneiden. Die Pilze mit einem feuchten Küchenpapier sauber abreiben, die Stielenden abschneiden.

2 Das Gemüse mit dem Öl in einer ofenfesten Form mischen und mit Salz und Pfeffer würzen. Das Gemüse im Ofen (Mitte, Umluft 200°) 30–35 Min. backen, bis es bissfest und leicht braun ist. Zwischendurch einmal durchrühren.

3 Inzwischen für die Sauce das Toastbrot in lauwarmem Wasser einweichen. Die Kräuter waschen und trocken schütteln. Die Blättchen von den Stielen zupfen und fein hacken. Das Toastbrot gut ausdrücken und mit den Kapern, dem Öl und der Hälfte der gehackten Kräuter fein pürieren.

4 Den Knoblauch schälen und sehr fein hacken oder durchpressen. Das Chilistück waschen und zusammen mit der Zitronenschale fein hacken. Diese Zutaten mit den restlichen Kräutern unter das Brotpüree mischen und die Sauce mit etwas Salz abschmecken. Zum Gemüse servieren.

* DAS SCHMECKT DAZU knuspriges Weißbrot oder Vollkornbaguette oder auch kleine neue Kartoffeln

---

FÜR 2 PERSONEN
ZUBEREITUNG: 25 MIN.
BACKEN: CA. 35 MIN.
PRO PORTION CA. 335 kcal
8 g EW, 26 g F, 17 g KH

FÜR DAS OFENGEMÜSE:
200 g zarte Möhren
2 mittelgroße rote Zwiebeln
1 Fenchelknolle
1 rote Paprikaschote
200 g kleine Champignons
2 EL Olivenöl
Salz, schwarzer Pfeffer

FÜR DIE SALSA VERDE:
1 Scheibe (Vollkorn-)Toastbrot
je 1/2 Bund Basilikum und Petersilie
1 EL Kapern
3 EL Olivenöl
2 Knoblauchzehen
1/4 Chilischote
1 Stück Bio-Zitronenschale
Salz

GEMÜSE & KARTOFFELN * 47

ROSENKOHL-AUFLAUF

1 Den Rosenkohl waschen. Welke Blätter und den Strunkansatz jeweils entfernen. Rosenkohl je nach Größe halbieren oder vierteln und in kochendem Salzwasser 2 Min. vorkochen. In einem Sieb kurz kalt abschrecken und abtropfen lassen.

2 Backofen auf 180° vorheizen. Die Zitronenhälfte heiß waschen und abtrocknen. Die Schale dünn abschneiden und in feine Streifen schneiden. Thymian waschen und trocken schütteln. Blättchen abzupfen. Die Zwiebel schälen und fein würfeln.

3 Rosenkohl mit Zitronenschale, Thymian und Zwiebel mischen und in eine ofenfeste Form oder in mehrere kleine Portionsförmchen geben. Den Ricotta mit Eiern und dem Käse verrühren und mit Salz und 1 Prise Chilipulver abschmecken. Über dem Rosenkohl verteilen. Pinienkerne und die Butter in Flöckchen aufstreuen.

4 Den Auflauf im Ofen (Mitte, Umluft 160°) ca. 35 Min. backen, bis er schön gebräunt ist. Kurz stehen lassen und dann servieren.

FÜR 2 PERSONEN
ZUBEREITUNG: 25 MIN.
BACKEN: 35 MIN.
PRO PORTION CA. 355 kcal
18 g EW, 22 g F, 11 g KH

- 500 g Rosenkohl, Salz
- 1/2 Bio-Zitrone
- 4 Zweige Thymian
- 1 kleine rote Zwiebel
- 125 g Ricotta
- 2 Eier (Größe M)
- 3 EL frisch geriebener Parmesan
- Chilipulver
- 1 EL Pinienkerne
- 1/2 EL Butter

48 * GEMÜSE & KARTOFFELN

KARTOFFELAUFLAUF MIT RÄUCHERTOFU

FÜR 2 PERSONEN
ZUBEREITUNG: 30 MIN.
BACKEN: 50 MIN.
PRO PORTION CA. 425 kcal
24 g EW, 24 g F, 29 g KH

- 400 g mehligkochende Kartoffeln
- 3 Frühlingszwiebeln
- 1 Knoblauchzehe
- 1 kleine Rispe frischer grüner Pfeffer (ersatzweise 1 TL grüne Pfefferkörner aus dem Glas)
- 1/2 Bio-Zitrone
- 125 g Räuchertofu (pur oder mit Pilzen bzw. Algen)
- 2 Eier (Größe M)
- 125 g saure Sahne
- 30 g Hartkäse, frisch gerieben
- Salz
- 1/2 TL gemahlener Koriander
- 1 EL Butter für die Form und zum Belegen

1 Die Kartoffeln schälen, waschen und grob raspeln. Die Frühlingszwiebeln putzen und waschen, die weißen und hellgrünen Teile in feine Ringe schneiden. Die Knoblauchzehe schälen und in dünne Scheiben schneiden. Den Pfeffer waschen, die Körner abstreifen und grob hacken. Die Zitronenhälfte heiß waschen und abtrocknen, die Schale fein abreiben. Tofu in kleine Würfel schneiden.

2 Den Backofen auf 180° vorheizen. Die Eier mit der sauren Sahne und dem Käse gründlich verrühren, mit Salz und dem Koriander würzen.

3 Eine ofenfeste Form mit Butter ausstreichen. Die Kartoffeln mit Zwiebeln, Knoblauch, Pfeffer, Zitronenschale und Räuchertofu mischen, dann salzen und in der Form verteilen. Die Eiermischung darübergeben und mit der restlichen Butter in kleinen Flöckchen belegen.

4 Den Auflauf im heißen Ofen (Mitte, Umluft 160°) ca. 50 Min. backen, bis die Oberfläche schön gebräunt ist. Kurz in der Form stehen lassen, dann servieren.

★ DAS SCHMECKT DAZU ein gemischter Salat mit Tomatenwürfeln und Kräutern und eventuell Brot

FÜR 2 PERSONEN
ZUBEREITUNG: 30 MIN.
PRO PORTION CA. 255 kcal
5 g EW, 17 g F, 19 g KH

FÜR DIE SUPPE:
- 250 g mehligkochende Kartoffeln
- 1 kleine Möhre
- 1 kleines Stück Knollensellerie (oder Petersilienwurzel)
- 1 kleine Zwiebel
- 1 EL Butter
- gut 1/2 l Gemüsebrühe
- Salz
- Pfeffer
- 2 EL Kürbiskernöl

FÜR DIE GREMOLATA:
- 1/2 Bio-Orange
- 1 EL Kürbiskerne
- 1 Frühlingszwiebel
- Salz, Pfeffer

KARTOFFELCREMESUPPE MIT GREMOLATA

1 Die Kartoffeln schälen, waschen und in kleine Würfel schneiden. Möhre, Sellerie und Zwiebel schälen und ebenfalls fein schneiden.

2 Butter in einem Topf zerlassen. Die Gemüse-Zwiebel-Mischung darin andünsten. Kartoffeln kurz mitgaren. Dann Brühe angießen und zum Kochen bringen. Suppe zugedeckt bei schwacher Hitze ca. 15 Min. garen, bis die Kartoffeln und das Gemüse weich sind.

3 Inzwischen für die Gremolata die Orangenhälfte heiß waschen und abtrocknen, die Schale dünn abschneiden und fein hacken. Kürbiskerne in einer Pfanne ohne Fett bei mittlerer Hitze rösten, bis sie duften. Leicht abkühlen lassen, dann fein hacken. Die Frühlingszwiebel putzen und waschen, den weißen und hellgrünen Teil fein hacken. Das Zwiebelgrün mit Orangenschale und Kürbiskernen mischen, leicht salzen und pfeffern.

4 Die Suppe im Topf fein pürieren und mit Salz und Pfeffer abschmecken. Die Suppe in Teller verteilen, mit etwas Gremolata bestreuen und mit Kürbiskernöl beträufeln. Restliche Gremolata separat dazuservieren.

* VARIANTE Für eine klare Kartoffelsuppe die Kartoffeln und das Gemüse mit der Zwiebel in Butter andünsten und mit der Brühe bissfest kochen. Dann die Suppe mit je 1/2 TL edelsüßem und rosenscharfem Paprikapulver würzen und mit 100 g saurer Sahne und 1/2 Bund gehacktem Dill verfeinern.

50 * GEMÜSE & KARTOFFELN

FÜR 2 PERSONEN
ZUBEREITUNG: 30 MIN.
BACKEN: 1 STD.
PRO PORTION CA. 360 kcal
7 g EW, 18 g F, 30 g KH

FÜR DIE TOMATEN:
500 g Cocktailtomaten
1/4 Bund Petersilie
2 Zweige Thymian
1 Knoblauchzehe
1 Stück Bio-Orangen- oder Bio-Zitronenschale
2 EL Olivenöl
Salz
schwarzer Pfeffer

FÜR DAS PÜREE:
500 g vorwiegend festkochende Kartoffeln
Salz
1/2 Bund gemischte Kräuter (z. B. für grüne Sauce – oder aus Petersilie, Zitronenmelisse, Basilikum und Kresse selber zusammenstellen)
150 ml Milch
1 EL Butter
frisch geriebene Muskatnuss

KARTOFFELPÜREE MIT OFENTOMATEN

1 Den Backofen auf 150° vorheizen. Die Tomaten waschen und halbieren. Mit den Schnittflächen nach oben nebeneinander in eine ofenfeste Form setzen. Die Kräuter waschen und trocken schütteln, von den Stielen befreien und fein hacken. Knoblauch schälen und durch die Presse drücken. Orangen- oder Zitronenschale fein hacken. Kräuter, Knoblauch und Zitrusschale mit dem Öl verrühren und kräftig salzen und pfeffern.

2 Die Kräutermischung auf den Tomaten verstreichen. Die Tomaten im Ofen (Mitte, Umluft 130°) ca. 1 Std. backen.

3 Nach der Hälfte der Backzeit die Kartoffeln schälen, waschen und in ca. 2 cm große Würfel schneiden. In einen Topf mit Salzwasser geben, zum Kochen bringen und zugedeckt bei mittlerer Hitze in ca. 15 Min. weich kochen.

4 Inzwischen die Kräuter waschen und trocken schütteln. Von den groben Stielen befreien und sehr fein hacken. Die Milch erhitzen. Die Butter in kleine Würfel schneiden.

5 Die Garflüssigkeit von den Kartoffeln abgießen. Die Kartoffeln mit dem Kartoffelstampfer fein zerdrücken. Milch, Butter und Kräuter zugeben und unterrühren, bis die Butter schmilzt. Das Püree mit Salz und Muskat abschmecken und mit den Tomaten servieren.

* SERVIER-TIPP Das Püree passt auch zu gebratenem Tofu gut.

GEMÜSE & KARTOFFELN * 51

KRÄUTERGNOCCHI MIT PAPRIKASAHNE

1 Kartoffeln in der Schale in Wasser zugedeckt weich kochen. Inzwischen für die Sauce die Paprika abtropfen lassen und klein würfeln. Frühlingszwiebeln putzen und waschen, weiße und hellgrüne Teile in Ringe schneiden. Den Knoblauch schälen und fein hacken.

2 Kartoffeln abgießen und etwas ausdampfen lassen, dann schälen und durch die Presse drücken. Lauwarm abkühlen lassen. Die Kräuter waschen und trocken schütteln. Blättchen von den Stielen zupfen und fein hacken. Mit Grieß, Eigelb und 1/2 TL Salz zu den Kartoffeln geben, alles zu einem formbaren Teig verkneten.

3 Aus dem Teig etwa daumendicke Rollen formen, 1 cm lange Stücke abschneiden und diese auf einem bemehlten Küchentuch ausbreiten. Salzwasser zum Kochen bringen und die Gnocchi darin bei schwacher Hitze in ca. 10 Min. gar ziehen lassen.

4 Zwiebeln und Knoblauch im Öl andünsten. Paprika und Sahne dazugeben, salzen, pfeffern und 3–4 Min. offen köcheln lassen. Die Gnocchi aus dem Wasser auf Teller heben und die Paprikasahne darauf verteilen.

FÜR 2 PERSONEN
ZUBEREITUNG: 1 STD.
PRO PORTION CA. 570 kcal
14 g EW, 25 g F, 71 g KH

FÜR DIE GNOCCHI:
400 g vorwiegend festkochende Kartoffeln
4 Zweige Thymian
6 Zweige Petersilie
125 g Hartweizengrieß
1 Eigelb (Größe M)
Salz
Mehl zum Arbeiten

FÜR DIE SAUCE:
100 g gehäutete Paprika (aus dem Glas)
2 Frühlingszwiebeln
1 Knoblauchzehe
1 EL Olivenöl
100 g Sahne
Salz
schwarzer Pfeffer

52 ∗ GEMÜSE & KARTOFFELN

KARTOFFELTORTILLA MIT KOHLSTREIFEN

FÜR 2 PERSONEN
ZUBEREITUNG: 50 MIN.
PRO PORTION CA. 460 kcal
21 g EW, 31 g F, 24 g KH

- 150 g zarte Spitzkohl- oder Weißkohlblätter
- 1 dünne Stange Lauch
- 2 Knoblauchzehen
- 1 rote Chilischote
- 1/2 Bund Petersilie
- 300 g vorwiegend festkochende Kartoffeln
- 3 EL Olivenöl
- Salz
- 1/2 TL edelsüßes Paprikapulver
- 50 g Schafskäse (Feta)
- 3 Eier (Größe M)
- 3 EL Milch

1 Den Kohl waschen und die dicken Mittelrippen flacher schneiden. Die Kohlblätter in knapp 1 cm breite Streifen schneiden. Den Lauch waschen und putzen, mit dem hellen Grün in dünne Ringe schneiden. Den Knoblauch schälen und fein hacken. Die Chilischote waschen und den Stiel abschneiden. Die Chili mit den Kernen fein schneiden. Die Petersilie waschen und trocken schütteln, die Blättchen abzupfen und fein schneiden. Die Kartoffeln schälen, waschen und in feine Scheiben hobeln.

2 2 EL Öl in einer Pfanne erhitzen. Die Kartoffeln einrühren und bei mittlerer Hitze unter Rühren ca. 5 Min. garen. Den Kohl, den Lauch, Knoblauch, Chili und Petersilie unterrühren und 2–3 Min. weiterbraten, zwischendurch zudecken. Mit Salz und Paprika abschmecken.

3 Den Schafskäse zerkrümeln und mit den Eiern und der Milch verrühren. Die Mischung über die Kartoffeln gießen und alles möglichst glatt in der Pfanne verteilen. Die Tortilla bei schwacher Hitze ca. 20 Min. garen. Dann vom Pfannenrand lösen, auf einen Teller gleiten lassen und umgedreht in die Pfanne mit dem restlichen Öl stürzen. Noch einmal ca. 5 Min. braten. Die Tortilla in Tortenstücke schneiden und servieren.

* **DAS SCHMECKT DAZU** Tomaten- oder Gurkensalat

NUDELN

CRASHKURS NUDELN

Lange Nudeln wie Spaghetti, Bandnudeln und Makkaroni lassen sich am besten mit glatten Saucen aufrollen.

Kurze Nudeln sind oft rau oder gerillt und passen gut zu stückigen Saucen, die man mit den Nudeln aufgabelt.

Frische Nudeln – pur oder gefüllt – gibt es auch verpackt im Kühlregal oder beim Feinkostitaliener zu kaufen.

Auch **Spätzle** gibt es frisch und verpackt im Kühlregal für alle, die es eilig haben. Einfach nur kurz kochen, fertig!

WELCHE NUDEL SOLL'S DENN SEIN?

Bei der Wahl der Nudel entscheidet sowohl die persönliche Vorliebe als auch die Sauce, die es dazu gibt. Lange Nudeln werden mit der Gabel aufgerollt, die Sauce sollte also sämig sein und gut an ihnen haften. Gut schmecken z. B. Tomatensauce, Pesto, cremige Sahne- oder Käsesaucen oder einfach nur aromatisiertes Öl, etwa »aglio olio«: Olivenöl mit Knoblauch und Peperoncino. Kurze Nudeln hingegen werden mit der Gabel aufgespießt, zu ihnen passen also außer den sämigen Saucen auch alle, die Stückiges enthalten.

Vollkornnudeln gibt es im Bioladen, inzwischen aber auch im Supermarkt von größeren italienischen Nudelherstellern. Manche kochen sehr weich, andere bleiben genauso bissfest wie ihre hellen Verwandten. Einfach ein paar Sorten durchprobieren, bis Sie die passende gefunden haben. Außer Weizennudeln findet man im Bioladen noch Nudeln aus Hirse und Getreidemischungen. Und auch hier gilt: Unbedingt mal probieren!

NUDELN RICHTIG KOCHEN

Nudeln brauchen zum Garen viel Wasser. Faustregel: Pro 100 g trockene Nudeln 1 l Wasser und 1 TL Salz. Das Wasser aufkochen, salzen, dann die Nudeln hineingeben. Lange Nudeln so lange in den Topf drücken, bis sie sich am unteren Ende biegen und so ganz im Wasser liegen. Beim Kochen ab und zu umrühren, damit die Nudeln nicht am Topfboden festkleben. Meist ist auf der Packung eine Garzeit angegeben, doch besser sollte man schon etwas vorher eine Nudel herausfischen und probieren. Sie ist richtig gegart, wenn sie in der Mitte noch einen winzigen helleren Kern hat und also bissfest (al dente) ist. Frische Nudeln und Spätzle sind natürlich viel schneller gar. Meist reichen 2–3 Min.

NUDELN RICHTIG SERVIEREN

Nudeln nach dem Abgießen nicht abschrecken, sondern gleich mit der Sauce mischen. Da sie schnell abkühlen, am besten Teller vorwärmen. Und die Nudeln gleich servieren.

Asia-Weizennudeln werden u. a. vorgekocht angeboten. Solche sind in wenigen Minuten servierbereit.

Buchweizennudeln kommen in Asien vor allem in Japan auf den Tisch. Sie heißen Soba-Nudeln.

Reisnudeln gibt es in verschiedenen Breiten – wie italienische Bandnudeln – und sogar spaghettidünn.

Glasnudeln sind so dünn und zart, dass man sie vor dem Verzehren nur in heißem Wasser einweichen muss.

Asiatische Weizennudeln sind etwa so lang wie Spaghetti. Es gibt sie mit oder ohne Ei, dick oder dünn und manchmal auch schon vorgekocht **(Mie-Nudeln)**. Eher breit, aber vor allem relativ dick und von intensivem Geschmack sind japanische Udon-Nudeln aus Weizenmehl, die es auch im Naturkosthandel zu kaufen gibt. Auch wenn in Asien Nudeln immer in Wasser ohne Salz gekocht werden, die Nudeln nach Belieben in Salzwasser bissfest kochen. Vorgekochte Mie-Nudeln nur ca. 4 Min. in heißem Wasser ziehen lassen.

Buchweizennudeln, auf japanisch Soba-Nudeln, sind sehr aromatisch und enthalten zudem mehr gesunde Inhaltsstoffe als alle anderen Nudeln. Man bekommt sie im Asienladen und im Naturkosthandel. Die dünnen Nudeln schmecken in Suppen, aber auch mit Gemüse sehr gut. Sie benötigen in kochendem Salzwasser eine Garzeit von ca. 5 Min.

Reisnudeln sind ungegart durchsichtig wie Glasnudeln, werden aber beim Garen ganz weiß. Sie werden aus Reismehl und Wasser hergestellt und können so fein wie Glasnudeln oder so breit wie Tagliatelle oder sogar Pappardelle sein. Reisnudeln in unterschiedlichen Dicken bekommt man im Asienladen, aber auch im Naturkosthandel. Die ganz schmalen Sorten werden wie Glasnudeln eingeweicht und dann in einer Suppe lediglich miterwärmt oder unter fertig gegartes Wokgemüse gemischt. Wer die Nudeln lieber kochen will: Sie brauchen nur 1–2 Min. Breite Reisnudeln benötigen eine Garzeit von 3–5 Min. in kochendem (Salz-)Wasser.

Glasnudeln gibt's im Supermarkt, sie werden aus fein zerkleinerten Mungobohnen (aus denen man auch Sojakeimlinge sprießen lässt) und Wasser hergestellt. Die feinen Nudeln müssen ca. 10 Min. in warmem Wasser quellen. Dann kann man sie zu einem Salat verarbeiten, in einer Suppe erwärmen oder unter Wokgemüse mischen. In Asien werden Glasnudeln auch in die Füllung von Frühlingsrollen gemischt. Da sie sehr lang sind, schneidet man sie nach dem Einweichen am besten mit der Küchenschere in kürzere Stücke.

NUDELN ★ 57

1. NUDELTEIG ZUBEREITEN (FÜR 2 PERSONEN)

1. 150 g Mehl (oder Mehl aus Hartweizen vom Feinkostitaliener), 1 Ei (Größe L), 1 Eigelb mit 1/2 TL Salz und 1/2 EL Olivenöl mischen.

2. Alles kräftig durchkneten, bis der Teig glatt ist und seidig glänzt. Falls er klebt, mehr Mehl einarbeiten; falls er trocken ist, etwas Wasser.

3. Damit das Mehl quellen kann, muss der Teig ruhen: zur Kugel geformt in ein Küchentuch gewickelt 30 Min. bei Zimmertemperatur.

2. NUDELN FORMEN

1. Damit der Teig nicht zu sehr austrocknet, nur etwa ein Drittel davon abnehmen, den Rest wieder ins Küchentuch hüllen.

2. Teig auf wenig Mehl mit dem Nudelholz oder in der Nudelmaschine bei immer engerer Walzenöffnung zu einer dünnen Platte ausrollen.

3. Die Platte leicht mehlen, locker aufrollen und mit einem großen Messer oder in der Maschine zu beliebig breiten Nudeln schneiden.

3. NUDELTEIG AROMATISIEREN

1. Für grüne Nudeln statt dem Eigelb 1 EL blanchierten, pürierten und sehr gut ausgedrückten Spinat mit Mehl, Ei und Öl verkneten.

2. Für scharfe Nudeln 1 getrocknete Chilischote im Mörser fein zerstoßen und mit in den Nudelteig einkneten. Hände gründlich waschen!

3. Für rote Nudeln 1–2 TL Tomatenmark unterkneten. Oder 50 ml Rote-Bete-Saft auf 1 EL einkochen lassen und statt dem Öl dazugeben.

58 ★ NUDELN

4. TOMATEN-TATAR (FÜR 2 PERSONEN)

1. 300 g aromatische Tomaten waschen oder häuten (s. S. 12) und erst grob, dann fein hacken – das geht gut mit dem Zwiebelhacker.

2. Die Blättchen von 2 Zweigen Basilikum mit 1 geschälten Knoblauchzehe sehr fein hacken und mit 2 EL Olivenöl untermischen.

3. Tatar mit Salz, Pfeffer und 1 Prise Zucker abschmecken. 200 g kurze oder breite lange Nudeln kochen, ganz heiß mit der Sauce mischen.

5. ZUCCHINI-RAGOUT (FÜR 2 PERSONEN)

1. 300 g Zucchini waschen und ca. 1 cm groß würfeln. 2 Knoblauchzehen schälen, fein hacken. 12 Salbeiblätter streifig schneiden.

2. Die Schale von 1/2 gewaschenen Bio-Zitrone abreiben. 3 EL Olivenöl erhitzen, die Salbeistreifen hineingeben und kross werden lassen.

3. Zucchini und Knoblauch unter Rühren 3 Min. mitbraten, 2 EL Sahne und Zitronenschale zugeben, salzen, pfeffern. Fein zu Fusilli.

6. KRÄUTER-OLIVEN-ÖL (FÜR 2 PERSONEN)

1. 1 Zweig Rosmarin und die Blättchen von 4 Zweigen Thymian mit 6 Salbeiblättchen fein hacken. 1 getrocknete Chilischote zerkrümeln.

2. 2 EL grüne Oliven ohne Stein in Streifen oder Würfel schneiden. 2 Knoblauchzehen schälen und in dünne Scheiben schneiden.

3. 4 EL Olivenöl erhitzen, zuerst die Kräuter darin knusprig braten. Übrige Zutaten zugeben und nur erhitzen, salzen. Am besten zu Penne.

GLASNUDELSALAT

1 Die Paprikaschote waschen und vierteln. Den Stiel sowie die inneren Trennhäute samt Kernen entfernen, die Viertel in feine Streifen schneiden. Die Zwiebel schälen, vierteln, ebenfalls in dünne Streifen teilen. Die Gurke schälen oder gut waschen, längs halbieren und quer in dünne Scheiben schneiden.

2 Den Koriander waschen und trocken schütteln. Die Blättchen abzupfen und eventuell grob schneiden. Die Erdnusskerne fein hacken.

3 Die Glasnudeln mit kochendem Wasser übergießen und ca. 4 Min. ziehen lassen. Inzwischen die Chilischote waschen, entstielen und mit den Kernen fein hacken. Mit dem Limettensaft, der Sojasauce und dem Honig in einer Schüssel verrühren.

4 Die Nudeln abtropfen lassen, mit der Küchenschere etwas kleiner schneiden und mit der Sauce mischen. Paprika, Zwiebel, Gurke und Koriander untermischen und den Salat salzen. Auf Schalen verteilen, mit den Erdnüssen bestreuen und lauwarm essen.

* WÜRZ-TIPP Zum Nachschärfen Chiliöl reichen.

FÜR 2 PERSONEN
ZUBEREITUNG: 30 MIN.
PRO PORTION CA. 375 kcal
9 g EW, 14 g F, 54 g KH

- 1 schlanke rote Paprikaschote
- 1 kleine milde rote oder weiße Zwiebel
- 1 Mini-Gurke
- 1/2 Bund Koriander
- 50 g geröstete gesalzene Erdnusskerne
- 100 g Glasnudeln
- 1 rote Chilischote
- 2 EL Limettensaft
- 2 EL Sojasauce
- 1 TL Honig (oder Ahornsirup)
- Salz

60 * NUDELN

REISNUDELSUPPE MIT PAPRIKA UND TOFU

FÜR 2 PERSONEN
ZUBEREITUNG: 30 MIN.
PRO PORTION CA. 255 kcal
11 g EW, 3 g F, 45 g KH

1 Stange Staudensellerie
1 dünne Stange Lauch
1 Stange Zitronengras
1 Stück frischer Ingwer (ca. 2 cm)
1 Knoblauchzehe

1/4 Bund Minze
Salz
80 g breite Reisnudeln
1 rote Paprikaschote
100 g Räuchertofu

2 Frühlingszwiebeln
2 TL Zitronensaft
2 TL Sojasauce
1/4 TL Sambal oelek
1/4 TL Honig

1 Den Sellerie und den Lauch waschen, putzen und in Scheiben bzw. in Ringe schneiden. Das Zitronengras waschen, von den Enden befreien und in 1–2 cm lange Stücke schneiden. Ingwer und Knoblauch schälen und in dünne Scheiben schneiden. 4 Stängel Minze waschen. Alle diese Zutaten mit 1/2 l Wasser in einem Topf aufkochen und salzen. Offen bei mittlerer Hitze ca. 15 Min. köcheln lassen.

2 Inzwischen die Reisnudeln in reichlich kochendem Salzwasser al dente kochen, dann in einem Sieb kalt abschrecken und abtropfen lassen. Die Paprikaschote waschen, vierteln, putzen und in Streifen schneiden. Den Räuchertofu in knapp 1 cm große Würfel schneiden. Die Frühlingszwiebeln putzen und waschen, die weißen und hellgrünen Teile in feine Ringe schneiden. Die übrige Minze waschen, trocken schütteln und die Blättchen ablösen. Größere Blättchen kleiner zupfen.

3 Die Brühe durchsieben und wieder in den Topf geben. Mit dem Zitronensaft, Sojasauce, Sambal oelek, Honig und Salz abschmecken. Die Paprika zugeben und in ca. 3 Min. bissfest garen. Reisnudeln und Räuchertofu in die Suppe mischen und heiß werden lassen. Zwiebelringe und Minze aufstreuen und die Suppe gleich servieren.

PASTA MIT ORANGENMOZZARELLA

FÜR 2 PERSONEN
ZUBEREITUNG: 20 MIN.
PRO PORTION CA. 630 kcal
26 g EW, 24 g F, 77 g KH

1/2 Bio-Orange
1 Knoblauchzehe
1 Frühlingszwiebel
1/2 getrocknete Chilischote

1/2 TL Fenchelsamen
1/4 Bund Petersilie
125 g Mozzarella
2 EL Olivenöl, Salz

200 g kurze Nudeln
 (z. B. Penne oder Fusilli)
1 EL Pinienkerne

1 Die Orangenhälfte heiß waschen und abtrocknen, die Schale abschneiden und fein hacken. Knoblauch schälen und in Stifte schneiden. Frühlingszwiebel putzen und waschen, den weißen und hellgrünen Teil in Ringe schneiden. Chili und Fenchelsamen im Mörser zerdrücken. Die Petersilie waschen und fein hacken. Mozzarella würfeln und mit den zerkleinerten Zutaten sowie dem Öl mischen und salzen.

2 Für die Nudeln reichlich Wasser mit Salz zum Kochen bringen. Die Nudeln darin nach Packungsangabe al dente kochen. Die Pinienkerne in einer Pfanne ohne Fett bei mittlerer Hitze unter Rühren goldgelb rösten. Die Nudeln abgießen, in einer vorgewärmten Schüssel mit der Mozzarellamischung vermengen und kurz stehen lassen. Mit den Pinienkernen bestreut in vorgewärmten Tellern servieren.

62 * NUDELN

SCHARFE BROKKOLI-SPAGHETTI

FÜR 2 PERSONEN
ZUBEREITUNG: 25 MIN.
PRO PORTION CA. 565 kcal
17 g EW, 19 g F, 79 g KH

250 g Brokkoli
200 g Spaghetti
Salz
4 getrocknete, in Öl eingelegte Tomaten
1 getrocknete Chilischote
2 Knoblauchzehen
1/4 Bund Basilikum oder Rucola
2 EL Olivenöl
2 TL Butter
1/4 Bio-Zitrone
etwas frisch geriebener Parmesan

1 Den Brokkoli waschen und putzen. Kleine Röschen abschneiden, die Stiele schälen und in Streifen schneiden. Für die Nudeln reichlich Wasser zum Kochen bringen und salzen. Die Nudeln darin 5 Min. sprudelnd kochen lassen.

2 Schon während das Wasser heiß wird, die Tomaten abtropfen lassen und in Streifen schneiden. Die Chilischote im Mörser fein zerkrümeln. Den Knoblauch schälen und in feine Scheiben schneiden. Kräuter waschen und trocken schütteln. Blättchen abzupfen und fein hacken.

3 Tomatenstreifen, Chili und Knoblauch mit Öl und Butter in einem Topf bei mittlerer Hitze erwärmen. Den Brokkoli zu den Nudeln geben und beides zusammen weitere 3 Min. garen, bis die Nudeln al dente sind. Das Zitronenviertel heiß waschen und abtrocknen.

4 Die Kräuter unter die Tomatenmischung rühren, die Schale der Zitrone darüberreiben. Nudeln und Brokkoli abgießen und mit der Sauce mischen, mit Salz abschmecken. Auf vorgewärmte Teller verteilen und mit frisch geriebenem Parmesan servieren.

* TAUSCH-TIPPS Statt Brokkoli kleine Blumenkohlröschen oder Wurzelspinat nehmen und die getrockneten Tomaten durch Rosinen ersetzen.

NUDELN MIT KOHL UND FETA

1 Den Weißkohl waschen und welke Blätter und den harten Strunk aus der Mitte entfernen. Kohl in etwa bandnudelbreite Streifen schneiden. Schalotte schälen, vierteln und in feine Streifen schneiden. Für die Nudeln reichlich Salzwasser zum Kochen bringen. Nudeln darin nach Packungsangabe bissfest kochen.

2 Die Kümmelsamen in einem Pfännchen ohne Fett bei mittlerer Hitze ca. 1 Min. anrösten, dann im Mörser leicht andrücken.

3 Butter in einem Topf zerlassen. Kohl mit Schalotte und Kümmel darin andünsten. Salzen und zugedeckt bei schwacher Hitze im eigenen Saft in ca. 5 Min. bissfest garen. Saure Sahne und Paprikapulver unter den Kohl mischen und mit Salz abschmecken. Nudeln abgießen und gründlich untermischen.

4 Den Schafskäse zerkrümeln. Schnittlauch waschen, trocken schütteln und in feine Röllchen schneiden. Die Nudeln in tiefe vorgewärmte Teller verteilen und jeweils mit Feta und Schnittlauch bestreuen.

★ TIPP Statt Nudeln auch mal Spätzle versuchen.

FÜR 2 PERSONEN
ZUBEREITUNG: 20 MIN.
PRO PORTION CA. 580 kcal
22 g EW, 18 g F, 83 g KH

1/2 kleiner Weißkohl (oder Spitzkohl; ca. 300 g)
1 Schalotte
200 g breite Bandnudeln
Salz
1 TL Kümmelsamen
1 EL Butter
100 g saure Sahne
je 1/2 TL Paprikapulver edelsüß und rosenscharf
75 g Schafskäse (Feta)
1/2 Bund Schnittlauch

BUCHWEIZEN-NUDELN MIT SESAMSPINAT

1 Die Sesamsamen in einer Pfanne unter Rühren anrösten, bis sie zu springen beginnen. Gleich in einen Mörser füllen und mit dem Stößel so fein wie möglich zerdrücken. Sesampaste, Sojasauce, Reiswein, Zucker und Wasabi dazugeben und weiter zerdrücken.

2 Den Spinat verlesen, also alle welken Blätter aussortieren und die dicken Stiele abknipsen. Den Spinat in stehendem kaltem Wasser mehrmals waschen und abtropfen lassen, bis das Wasser sauber bleibt.

3 Für die Nudeln reichlich Wasser aufkochen und salzen. Nudeln nach Packungsangabe bissfest garen.

4 Inzwischen in einem zweiten Topf für den Spinat Wasser mit Salz zum Kochen bringen. Den Spinat darin in 1–2 Min. sprudelnd kochend zusammenfallen lassen. Nudeln und Spinat in ein Sieb abgießen und abtropfen lassen. Mit der Sesamsauce mischen und in vorgewärmten Tellern servieren. Nach Belieben vor dem Servieren mit Ingwer garnieren.

FÜR 2 PERSONEN
ZUBEREITUNG: 25 MIN.
PRO PORTION CA. 515 kcal
17 g EW, 11 g F, 88 g KH

2 EL Sesamsamen
1 EL Sesampaste (Tahin)
1 EL Sojasauce
1 EL Reiswein (oder trockener Sherry)
2 TL Zucker
1 TL Wasabi (japanischer grüner Meerrettich)

500 g Blattspinat
Salz
200 g japanische Buchweizennudeln
eingelegte Ingwerscheiben zum Garnieren (nach Belieben)

QUARKSPÄTZLE MIT SAHNELINSEN

1 Für die Spätzle das Mehl mit Salz und Muskat in einer Schüssel mischen. Den Quark mit Milch und Eiern vermischen und gründlich unter das Mehl rühren. Den Teig ca. 30 Min. quellen lassen.

2 Inzwischen die Linsen in einem Sieb waschen und abtropfen lassen. Die Zwiebel und den Knoblauch schälen und fein würfeln. Die Chilischote waschen, vom Stielansatz befreien und zusammen mit den Kernen fein hacken.

3 Die Butter in einem Topf zerlassen. Dann Zwiebel, Knoblauch und Chili darin andünsten. Die Linsen dazugeben und kurz mitdünsten. Dann die Brühe angießen und aufkochen lassen. Die Linsen zugedeckt bei schwacher Hitze in 40–50 Min. weich, aber noch leicht bissfest garen.

4 Für die Spätzle reichlich Wasser mit Salz zum Kochen bringen. Eine Schüssel bei 50° in den Ofen stellen. Einen Teil vom Spätzleteig in den Spätzlehobel füllen und die Spätzle ins kochende Wasser hobeln. Sobald sie an die Oberfläche steigen, mit einem Schaumlöffel aus dem Wasser heben und in die Schüssel im Ofen füllen. Nach und nach auf diese Weise alle Spätzle garen.

5 Für die Linsen den Schnittlauch waschen, trocken schütteln und in feine Röllchen schneiden. Die Sahne unter die Linsen rühren, die Linsen mit Senf und Salz abschmecken. Spätzle in vorgewärmte tiefe Teller verteilen. Schnittlauchröllchen aufstreuen, mit Sahnelinsen beschöpfen.

★ SPEED-TIPP Wenn's eilt: Rote Linsen nehmen, die sind schon nach 15 Min. gar. Der Rest der Zubereitung bleibt gleich.

FÜR 2 PERSONEN
ZUBEREITUNG: 1 STD.
PRO PORTION CA. 870 kcal
49 g EW, 29 g F, 99 g KH

FÜR DIE SPÄTZLE:
150 g Mehl
1/2 TL Salz
frisch geriebene Muskatnuss
125 g Quark (oder Topfen)
70 ml Milch
2 Eier (Größe M)

FÜR DIE LINSEN:
200 g braune oder grüne Linsen
1 Zwiebel
1 Knoblauchzehe
1 rote Chilischote
1 EL Butter
1/4 l Gemüsebrühe
1/2 Bund Schnittlauch
75 g Sahne
1 TL scharfer Senf
Salz

FÜR 2 PERSONEN
ZUBEREITUNG: 35 MIN.
PRO PORTION CA. 610 kcal
23 g EW, 27 g F, 68 g KH

- 150 g asiatische Eiernudeln (Mie-Nudeln)
- Salz
- 1 Möhre
- 1 dünne Stange Lauch
- 150 g Spitzkohl oder Chinakohl
- 50 g frische Sojabohnenkeimlinge
- 1 Stück Ingwer (ca. 1 cm)
- 2 Knoblauchzehen
- 1/2 Chilischote (nach Belieben)
- 4 EL neutrales Öl
- 50 g Erbsen (TK oder frisch gepalt)
- 2 EL Sojasauce
- 1 EL süße Sojasauce (Ketjap manis)
- 2 TL Korianderblättchen zum Bestreuen

GEBRATENE ASIA-NUDELN

1 Für die Nudeln reichlich Wasser zum Kochen bringen und salzen. Die Nudeln darin nach Packungsangabe garen, in einem Sieb kalt abschrecken und abtropfen lassen.

2 Die Möhre putzen und schälen, zuerst in dünne Scheiben und anschließend in feine Streifen schneiden. Den Lauch putzen, längs aufschlitzen und gründlich waschen. Mit dem zarten Grün in feine Streifen schneiden. Die Kohlblätter waschen und eventuell vorhandene dicke Blattrippen flacher schneiden. Kohl in Streifen schneiden. Sojakeimlinge waschen und abtropfen lassen. Den Ingwer und den Knoblauch schälen und fein hacken. Das Chilistück, falls verwendet, waschen und mit den Kernen fein schneiden.

3 In einer Pfanne 2 EL Öl erhitzen. Die Nudeln darin verteilen und bei starker Hitze ca. 2 Min. braten. Umdrehen und weitere 1–2 Min. braten. Auf einen Teller geben, zugedeckt warm halten.

4 Das übrige Öl in die Pfanne geben. Darin alles Gemüse mit dem Ingwer, dem Knoblauch und eventuell dem Chili unter Rühren bei mittlerer Hitze in ca. 2 Min. bissfest garen. Beide Sorten Sojasauce untermischen, das Gemüse mit Salz abschmecken. Die Nudeln unterrühren und kurz noch einmal heiß werden lassen. Mit dem Koriander bestreut servieren.

* DAS SCHMECKT DAZU ein Gurkensalat mit Limettensaft, Öl, eventuell Chili und ein paar gehackten Erdnusskernen

FÜR 2 PERSONEN
ZUBEREITUNG: 35 MIN.
PRO PORTION CA. 685 kcal
37 g EW, 33 g F, 60 g KH

150 g Spaghetti
Salz
300 g Egerlinge oder Champignons
2 Knoblauchzehen
2 Frühlingszwiebeln

1/2 Bund Basilikum oder Petersilie
4 Eier (Göße S)
2 EL Sahne
40 g Parmesan, frisch gerieben
Pfeffer aus der Mühle
2 EL Olivenöl

NUDELOMELETT MIT PILZEN

1 Für die Nudeln reichlich Wasser mit Salz zum Kochen bringen. Die Nudeln darin nach Packungsangabe al dente kochen. In ein Sieb abgießen, kalt abschrecken, abtropfen und abkühlen lassen.

2 Inzwischen die Pilze mit feuchtem Küchenpapier sauber abreiben, die Stielenden abschneiden. Die Pilze in dünne Scheiben schneiden. Die Knoblauchzehen schälen und ebenfalls in feine Scheiben schneiden. Die Frühlingszwiebeln putzen und waschen, die weißen und hellgrünen Teile in feine Ringe schneiden. Die Kräuter waschen und trocken schütteln. Die Blättchen abzupfen und fein hacken.

3 Die Eier mit der Sahne und dem Käse gründlich verrühren und mit Salz und Pfeffer würzen.

4 In einer (beschichteten) Pfanne 1 EL Öl erhitzen. Die Pilze darin unter Rühren bei starker Hitze 4–5 Min. braten, bis die Flüssigkeit, die sich dabei bildet, wieder verdampft. Knoblauch, Zwiebelringe und Kräuter untermischen und die Pilze salzen und pfeffern. In einer Schüssel mit den Nudeln und der Eiermischung verrühren.

5 Das übrige Öl in der Pfanne erhitzen. Nudelmischung einfüllen und bei schwacher bis mittlerer Hitze ca. 10 Min. braten. Auf einen Teller gleiten lassen, mit der ungebratenen Seite nach unten wieder in die Pfanne stürzen und noch einmal 5 Min. braten.

★ DAS SCHMECKT DAZU   Blattsalat mit Tomatenwürfeln

NUDELN ★ 69

LASAGNE MIT ROMANASALAT

1 Die Salatblätter auseinanderlösen und in stehendem kaltem Wasser mehrmals gründlich waschen. Den Salat in ca. 1 cm breite Streifen schneiden und in kochendem Salzwasser 1 Min. blanchieren. In einem Sieb kalt abschrecken und abtropfen lassen.

2 Den Backofen auf 200° vorheizen. Den Blauschimmelkäse würfeln. Die Tomaten mitsamt dem Saft, den Käsewürfeln und 1 EL Olivenöl fein pürieren. Den Knoblauch schälen und dazupressen. Die Hälfte vom Parmesan dazugeben, die Sauce gut verrühren und mit Salz, Pfeffer und 1 Prise Zucker abschmecken.

3 Etwas Tomatensauce in eine ofenfeste Form gießen. Lasagneblätter und Romanasalat einfüllen, den Salat immer mit etwas Tomatensauce beschöpfen. Die letzte Schicht besteht aus Lasagneblättern und Tomatensauce.

4 Die Oliven fein hacken, mit dem übrigen Parmesan mischen und aufstreuen. Das restliche Öl darüberträufeln und die Lasagne im Ofen (Mitte, Umluft 180°) ca. 35 Min. backen, bis sie gar und gebräunt ist.

✶ DAS SCHMECKT DAZU Oliven-Ciabatta und Salat

FÜR 2 PERSONEN
ZUBEREITUNG: 25 MIN.
BACKEN: 35 MIN.
PRO PORTION CA. 745 kcal
34 g EW, 40 g F, 63 g KH

- 1 mittelgroßer Romanasalat (ca. 300 g)
- Salz
- 100 g Blauschimmelkäse
- 1 kleine Dose geschälte Tomaten (400 g)
- 2 EL Olivenöl
- 2 Knoblauchzehen
- 70 g Parmesan, frisch gerieben
- Pfeffer, Zucker
- 8 Lasagneblätter (ca. 140 g, ohne Vorkochen zu verwenden)
- 2 EL entsteinte Oliven

70 ✶ NUDELN

NUDELAUFLAUF MIT ZUCCHINI

FÜR 2 PERSONEN
ZUBEREITUNG: 30 MIN.
BACKEN: 30 MIN.
PRO PORTION CA. 610 kcal
32 g EW, 25 g F, 66 g KH

- 150 g kurze Nudeln (z. B. Fusilli)
- Salz
- 250 g junge Zucchini
- 1 Tomate (ca. 100 g)
- 1 kleines Bund Rucola (oder Petersilie)
- 2 Frühlingszwiebeln
- 2 Knoblauchzehen
- 1/2 Bio-Zitrone
- 125 g Ricotta
- 50 g Parmesan, frisch gerieben
- 1 TL Tomatenmark
- 1 Eigelb (Größe M)
- Pfeffer
- Chilipulver
- 1 EL Pinienkerne
- 1/2 EL kalte Butter

1 Für die Nudeln Wasser zum Kochen bringen und salzen. Die Nudeln darin nach Packungsangabe al dente kochen. In einem Sieb kalt abschrecken und abtropfen lassen.

2 Während die Nudeln kochen, die Zucchini waschen, putzen und fein raspeln, salzen und 10 Min. stehen lassen. Tomate häuten (s. S. 12) oder waschen und fein schneiden. Welke Blätter und dicke Stiele von der Rucola entfernen. Rucola waschen, trocken schütteln und fein hacken. Die Frühlingszwiebeln putzen und waschen, die weißen und hellgrünen Teile in feine Ringe schneiden. Den Knoblauch schälen und durchpressen. Die Zitronenhälfte heiß waschen, die Schale fein abreiben.

3 Den Backofen auf 200° vorheizen. Den Ricotta mit dem Parmesan, Tomatenmark und Eigelb gründlich verrühren. Die Zucchini abtropfen lassen und mit Tomate, Rucola, Zwiebelringen und Knoblauch untermischen. Mit der Zitronenschale, Salz, Pfeffer und 1 Prise Chili abschmecken.

4 Die Nudeln mit der Zucchinimischung verrühren und in eine ofenfeste Form füllen. Die Pinienkerne aufstreuen, die Butter in Flöckchen daraufsetzen. Die Nudeln im Ofen (Mitte, Umluft 180°) in ca. 30 Min. knusprig backen.

★ TAUSCH-TIPP Statt kurzer Nudeln große Muschelnudeln nehmen, diese mit der Ricottamischung füllen.

GETREIDE

CRASHKURS GETREIDE

Allround-Talent unter den Getreidesorten: **Weizen.** Ihn kann man als Korn zubereiten, schroten oder zu Mehl mahlen.

Die gelben **Hirsekörner** sind schnell gar, enthalten eine Menge Vitamine und Mineralstoffe, aber kein Gluten.

Grünkern hat ein feines Raucharoma. Für Schrot die würzigen Körner am besten frisch grob mahlen (lassen).

Für die schnelle Küche ideal: **Couscous** und **Polenta** gibt es vorgegart. So sind sie in nur 5 Min. fertig.

KLEINE GETREIDEKUNDE

Bulgur ist vorgekochter, getrockneter und fein oder grob geschroteter Weizen. Das Getreide mit dem nussigen Aroma wird als Beilage serviert, schmeckt aber auch als Salat.

Couscous wird ebenfalls aus Hartweizen(grieß) zubereitet. Die Körnchen können gekocht oder gedämpft werden und werden wie Bulgur als Beilage oder Salat serviert.

Gerste kommt meist geschliffen und poliert in den Handel und wird dann Rollgerste oder Graupen genannt. Außerdem im Angebot: Gerstengrütze, -mehl und -flocken.

Grünkern ist unreif geernteter Dinkel, der über Holzfeuer gedarrt wird. Das würzige Getreide schmeckt im Ganzen geschmort oder geschrotet als Bratling besonders gut.

Hafer enthält besonders viel wertvolles Fett, viele Vitamine und Mineralstoffe. Haferflocken werden aus entspelztem Hafer gepresst und anschließend getrocknet.

Hirsekörner werden geschliffen und sind schnell gar. Hirse immer gut abspülen, sonst kann sie bitter schmecken.

Polenta ist ein feiner Grieß aus getrockneten Maiskörnern. Die normale Polenta braucht um die 45 Min. Garzeit, Instant-Polenta ist vorgegart und daher in nur 5 Min. fertig.

Reis gibt es als Rund-, Mittel- und Langkorn bzw. sehr weich kochend bis körnig kochend. Er wird geschält und poliert als weißer Reis oder als Vollkornreis angeboten. Wem letzterer zu körnig schmeckt, für den ist Parboiled-Reis eine Alternative, bei dem die Vitamine durch ein spezielles Verfahren ins Innere des Korns gepresst werden, bevor es geschält wird.

Roggen wird vor allem für Brot verwendet. Man muss ihn, wenn man nicht mit Sauerteig arbeitet, mit Weizen mischen.

Weizen und Dinkel werden größtenteils als Mehl verwendet. Man kann die Körner aber auch im Ganzen schmoren, als Grütze essen oder in Form von Flocken verwenden.

1. SOMMERMÜSLI MIT BEEREN (FÜR 2 PERSONEN)

1. In einer (beschichteten) Pfanne 1 EL Butter mit 3 TL Zucker schmelzen. 5 EL Haferflocken darin bei mittlerer Hitze 2–3 Min. rösten.

2. Je 100 g Erdbeeren und Himbeeren vorsichtig waschen, Erdbeeren in Scheiben schneiden. 1 Nektarine waschen und in Schnitze teilen.

3. 100 g Joghurt mit 2 EL Sahne und 2–3 TL Honig oder Ahornsirup verrühren. Obst und Flocken mischen, mit dem Joghurt bedecken.

2. TROCKENFRUCHTMÜSLI MIT KNUSPERNÜSSEN (FÜR 2 PERSONEN)

1. 100 g gemischte Trockenfrüchte (Aprikosen, Pflaumen und Datteln) klein schneiden und in 100 ml Apfelsaft 1 Std. einweichen.

2. 50 g gemischte Nusskerne (gehäutete Mandeln, Haselnusskerne, Kürbis- und Sonnenblumenkerne) mit einem großen Messer hacken.

3. Die Nusskerne in einer Pfanne bei mittlerer Hitze 1–2 Min. rösten. 2 TL Butter und 1 Prise Zimt dazugeben. Mit Obst und Milch essen.

3. HAFERFLOCKEN-KOKOS-MÜSLI (FÜR 2 PERSONEN)

1. 4 EL Haferflocken und 1 EL Rosinen mit 1/8 l Milch verrühren und 15 Min. stehen lassen. Dann auf zwei Schälchen verteilen.

2. 2 EL Kokosflocken ohne Fett bei mittlerer Hitze rösten. Mit der abgeriebenen Schale von 1/4 Bio-Zitrone und 2 TL Zucker mischen.

3. 1 Banane schälen und in dünne Scheiben schneiden. Diese mit den Kokosflocken auf den Haferflocken verteilen und alles locker mischen.

GETREIDE

1. COUSCOUS GAREN UND ALS FÜLLUNG VERWENDEN (FÜR 2 PERSONEN)

1. Um Instant-Couscous zu garen, in einem nicht zu großen Topf 150 ml Wasser mit Salz aufkochen. 125 g Instant-Couscous einrühren.

2. Den Deckel auflegen und den Couscous 5 Min. quellen lassen. 1 EL Butter schmelzen und mit der Gabel unter den Couscous ziehen.

3. Für Couscoussalat oder eine Füllung die Körner einfach mit lauwarmem Wasser bedecken und 30 Min. quellen lassen. Weiterverwenden.

2. GETREIDE SCHMOREN ODER ALS BRATLING ZUBEREITEN (FÜR 2 PERSONEN)

1. Für geschmortes Getreide (z. B. Grünkern) 100 g Körner in 1/4 l Wasser 1 Std. kochen, neben dem Herd 1 Std. nachquellen lassen.

2. 1 Zwiebel und 2 Knoblauchzehen schälen und würfeln. Blättchen von 4 Thymianzweigen abstreifen. Alles in 1 EL Butter andünsten.

3. Abgetropftes Getreide, 100 g gehackte Tomaten (frisch oder Dose) und 100 g Crème fraîche zugeben, würzen und 15 Min. schmoren.

3. POLENTA ZUBEREITEN (FÜR 2 PERSONEN)

1. Für Polenta 1/2 l Flüssigkeit (Brühe oder Milch oder gemischt) aufkochen, salzen. 100 g Polenta mit dem Schneebesen einrühren.

2. Den Deckel auflegen, Polenta bei schwacher Hitze 5 Min. (Instant-Polenta) oder ca. 45 Min. (normale) garen. Ab und zu umrühren.

3. Die Polenta salzen, pfeffern und als Beilage servieren oder verfeinern: mit 100 g gewürfeltem Käse, mit Tomatenwürfeln oder Kräutern.

4. Für gefüllte Tomaten 4 Tomaten waschen, einen Deckel abschneiden. Tomaten mit einem Löffel aushöhlen und das Innere hacken.

5. 50 g Couscous eingeweichen (wie in 3.) mit 1 EL Tomatenfleisch, 50 g zerkrümeltem Feta, Salz, Pfeffer und Paprika mischen.

6. 2 gepresste Knoblauchzehen und 1 EL gehackte Minze untermischen, in die Tomaten füllen. Mit übrigem Tomatenfleisch 15 Min. dünsten.

4. Für Bratlinge die 100 g Grünkern grob schroten (lassen), mit 200 ml Gemüsebrühe 20 Min. köcheln. Zugedeckt abkühlen lassen.

5. 1 Frühlingszwiebel putzen, waschen und mit 1 geschälten Knoblauchzehe und 1 EL Petersilienblättchen fein hacken. Zum Schrot geben.

6. Mit 1 Ei, 1 TL scharfem Senf, Salz und Pfeffer verkneten, zu 4 Frikadellen formen. In 2 EL Öl bei mittlerer Hitze pro Seite 5 Min. braten.

4. Oder 1 EL geriebenen Parmesan unter die Polenta rühren und den Brei auf ein Küchenbrett geben. Knapp 1 cm dick verstreichen.

5. Die Polenta mindestens 30 Min., besser ein paar Stunden festwerden lassen. Dann mit einem Messer in Rauten oder Streifen schneiden.

6. In einer Pfanne 1 EL Olivenöl erhitzen. Polenta darin bei mittlerer Hitze pro Seite in 3–4 Min. knusprig braten. Gut zu Gemüse oder Salat.

www.küchengötter.de/vegivideos

GETREIDE ★ 77

1. QUICHETEIG MIT KÄSEBELAG (FÜR 2 PERSONEN)

1. 130 g Mehl (helles Weizen- oder Dinkelmehl bzw. Vollkornmehl) mit knapp 1 TL Salz auf der Arbeitsfläche mischen, eine Mulde formen.

2. 60 g kalte Butter in Würfel schneiden und in die Mulde geben. Entweder 1 kleines Eigelb oder 1–2 EL kaltes Wasser dazugeben.

3. Die Zutaten erst mit dem Messer durchhacken, dann miteinander verkneten, bis keine Butterstücke mehr zu sehen sind.

2. PIZZATEIG MIT TOMATENSAUCE UND MOZZARELLA (FÜR 2 PERSONEN)

1. 150 g Mehl (helles Weizen- oder Dinkelmehl bzw. Vollkornmehl) mit knapp 1 TL Salz in einer Schüssel mischen.

2. 10 g frische Hefe in Stücke krümeln und in einem Schälchen mit 75 ml lauwarmem Wasser verrühren und auflösen.

3. Die Hefe mit 1 EL Olivenöl zum Mehl geben und in der Schüssel mit den Knethaken durchkneten, bis sich der Teig vom Formrand löst.

3. GETREIDEKLÖSSCHEN MIT PIKANTER KÄSESAUCE (FÜR 2 PERSONEN)

1. 1 Schalotte und 2 Knoblauchzehen würfeln und mit den Blättchen von 3 Thymianzweigen in 1/2 EL Öl in einem Topf leicht andünsten.

2. 75 g mittelgroben Getreideschrot (z. B. Sechskorn oder Dinkel) dazugeben und kurz andünsten. Mit 150 ml Gemüsebrühe aufgießen.

3. Den Schrot zugedeckt bei schwacher Hitze ca. 15 Min. garen, dann auf der abgeschalteten Kochstelle 45 Min. quellen lassen.

4. Teig zur Kugel formen. Dann mit dem Nudelholz zwischen Frischhaltefolie ausrollen, dabei immer etwas drehen, damit er rund wird.

5. Eine Tarteform (18–20 cm Ø) mit dem Teig auskleiden, das Ganze mit Folie abdecken und ca. 1 Std. kühl stellen.

6. Die Füllung auf den Teig geben, z. B. aus 125 g geriebenem Käse, 2 Eiern, 100 g Crème fraîche. Bei 180° (Umluft 160°) 40 Min. backen.

4. Den Teig in der Schüssel mit einem Küchentuch abdecken und an einem warmen Ort ca. 1 Std. zu doppelter Größe aufgehen lassen.

5. Teig zur Kugel formen, auf Mehl rund ausrollen. Über den Handrücken in der Mitte noch dünner ziehen, Ränder etwas dicker lassen.

6. Teig auf Backpapier aufs Blech geben, mit Tomatensauce und Mozzarella belegen und bei 250° (Umluft 220°) 12–15 Min. backen.

  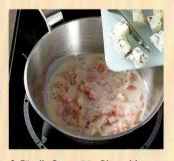 

4. Der Schrot hat die Flüssigkeit aufgesaugt und ist trocken. Mit 70 g Mehl, 1 Ei (Größe M), Salz, Pfeffer und 1 Prise Muskatnuss mischen.

5. Alles verkneten, mit feuchten Händen zu Bällchen formen, diese in leise siedendem Salzwasser in ca. 15 Min. gar kochen.

6. Für die Sauce 75 g Blauschimmelkäse würfeln, mit 100 g Tomatenwürfeln in 100 g Sahne schmelzen. Bällchen abgetropft einlegen.

GETREIDE ★ 79

BIRCHERMÜSLI MIT TRAUBEN

FÜR 2 PERSONEN
ZUBEREITUNG: 20 MIN.
QUELLEN: 24 STD.
PRO PORTION CA. 330 kcal
7 g EW, 12 g F, 47 g KH

4 EL zarte Haferflocken (ca. 40 g)
2 EL Rosinen
100 ml Milch
75 g Joghurt

2 große Äpfel
1/2 EL Zitronensaft
2 EL geriebene oder in Blättchen geschnittene Haselnusskerne

2 EL Sahne
100 g kernlose Trauben
etwas Zucker oder Honig (nach Belieben)

1 Die Haferflocken mit den Rosinen, der Milch und dem Joghurt mischen und über Nacht quellen lassen.

2 Am nächsten Tag die Äpfel waschen und abtrocknen. Die Äpfel rund ums Kerngehäuse fein raspeln. Die Raspel mit dem Zitronensaft, den Haselnüssen und der Sahne zu den Haferflocken geben.

3 Die Trauben waschen und je nach Größe halbieren oder vierteln. Das Müsli eventuell leicht süßen (bei aromatischen Äpfeln eigentlich nicht notwendig) und vor dem Servieren mit den Trauben garnieren.

FRISCHKORNMÜSLI MIT MANGO UND KOKOS

FÜR 2 PERSONEN
ZUBEREITUNG: 20 MIN.
QUELLEN: 24 STD.
PRO PORTION CA. 335 kcal
5 g EW, 22 g F, 31 g KH

50 g Sechskorn-Getreidemischung (ganze Körner)
1/8 l Kokosmilch (aus Dose oder dem Tetrapak)
1/2 Mango
1/2 Bio-Limette
1 EL Ahornsirup
2 TL Butter
1 EL Kokosflocken
1 TL brauner Zucker

1 Die Getreidemischung grob mahlen oder schroten. Mit der Kokosmilch mischen und über Nacht zugedeckt in den Kühlschrank stellen.

2 Am nächsten Morgen die Mangohälfte schälen und das Fruchtfleisch in kleinen Stücken vom Stein abschneiden, eventuell noch kleiner schneiden. Die Limettenhälfte heiß waschen und abtrocknen, die Schale abreiben.

3 Mangostücke und Ahornsirup unter den Getreidebrei mischen und diesen in Schälchen verteilen. Die Butter in einem Pfännchen zerlassen. Die Kokosflocken darin mit dem Zucker bei mittlerer Hitze unter Rühren goldgelb braten. Mit der Limettenschale mischen und vor dem Servieren auf das Müsli streuen.

* EINKAUFS-TIPP Ganze Getreidekörner kann man in der Getreidemühle und in manchen Kaffeemühlen mahlen bzw. schroten. Wer keines der Geräte hat, bittet einen Mitarbeiter im Bioladen, die Körner zu schroten.

GERSTENSALAT MIT INGWERTOMATEN

1 Die Graupen in einem Sieb kalt abspülen. In einem Topf Salzwasser zum Kochen bringen. Die Graupen dazugeben und zugedeckt bei schwacher bis mittlerer Hitze in ca. 30 Min. bissfest kochen.

2 Inzwischen die Tomaten waschen und ohne Stielansätze würfeln. Den Ingwer schälen und hacken. Basilikum waschen, trocken schütteln, die Blättchen abzupfen und grob hacken. Die Kapern abtropfen lassen.

3 Tomaten, Ingwer und Basilikum zusammen mit den Kapern und dem Olivenöl fein pürieren und mit Balsamicoessig, Salz und Chilipulver abschmecken.

4 Die Graupen wieder ins Sieb gießen und kurz kalt abspülen. Mit der Sauce mischen, abschmecken und abkühlen lassen. Den Salat auf Teller verteilen und den Käse in feinen Spänen darüberhobeln.

* **SERVIER-TIPP** Der Salat passt auch auf ein Partybüfett. Dann in doppelter oder dreifacher Menge zubereiten und vor dem Servieren noch einmal abschmecken. Auf Salatblättern anrichten.

FÜR 2 PERSONEN
ZUBEREITUNG: 45 MIN.
PRO PORTION CA. 375 kcal
12 g EW, 14 g F, 49 g KH

- 125 g Gerstengraupen (Rollgerste)
- Salz
- 200 g Tomaten
- 1 Stück frischer Ingwer (ca. 2 cm)
- 1/2 Bund Basilikum
- 2 TL Kapern
- 2 EL Olivenöl
- 2 TL Aceto balsamico
- Chilipulver nach Geschmack
- 1 Stück Pecorino oder Manchego (ca. 25 g)

82 * GETREIDE

COUSCOUSSALAT

1 Den Couscous in einer Schüssel mit lauwarmem Wasser bedecken und 30 Min. quellen lassen.

2 Inzwischen den Brokkoli waschen, kleine Röschen abschneiden. Die Stiele schälen und in ca. 1 cm breite Streifen schneiden. In einem Topf Salzwasser zum Kochen bringen. Den Brokkoli darin in ca. 4 Min. bissfest kochen. Kalt abschrecken, abtropfen lassen.

3 Tomaten und Frühlingszwiebeln waschen, Tomaten ohne Stielansatz klein würfeln, weiße und hellgrüne Teile der Frühlingszwiebeln in feine Ringe schneiden. Die Basilikumblättchen in Streifen schneiden. Pinienkerne in einer Pfanne ohne Fett bei mittlerer Hitze unter Rühren goldgelb rösten. Schafskäse zerkrümeln.

4 Den Zitronensaft mit Paprika, Kreuzkümmel, Koriander, Salz und Pfeffer verrühren, das Öl zu einer cremigen Sauce unterschlagen. Falls die Couscouskörner die Flüssigkeit nicht ganz aufgesogen haben, diese abgießen. Den Couscous mit dem Brokkoli, den Tomaten, den Zwiebeln, dem Basilikum und der Sauce mischen und abschmecken. Vor dem Servieren den Schafskäse und die Pinienkerne aufstreuen.

* **DAS SCHMECKT DAZU** aufgebackenes Fladenbrot

FÜR 2 PERSONEN
ZUBEREITUNG: 35 MIN.
PRO PORTION CA. 585 kcal
20 g EW, 33 g F, 52 g KH

125 g Couscous
250 g Brokkoli
Salz
2 Tomaten
2 Frühlingszwiebeln
4 Zweige Basilikum
1 EL Pinienkerne
100 g Schafskäse (Feta)

3 EL Zitronensaft
1 TL edelsüßes Paprikapulver
je 1/4 TL gemahlener Kreuzkümmel und Koriander
schwarzer Pfeffer
4 EL Olivenöl

GETREIDE ★ 83

ROTE-BETE-RISOTTO

1 Die Roten Beten mit Gummihandschuhen schälen und sehr klein würfeln. Die Schalotte und den Knoblauch schälen und fein würfeln. Den Rosmarin waschen und trocken schütteln. Die Nadeln abzupfen und ebenfalls klein schneiden.

2 1 EL Butter in einem Topf zerlassen. Schalotte, Knoblauch und Rosmarin darin andünsten. Rote Beten und Reis zugeben und ebenfalls gut andünsten. Nach Belieben den Orangenlikör angießen und verdampfen lassen. Einen Teil der Brühe angießen und den Risotto bei mittlerer Hitze offen garen, bis die Reiskörner weich sind, aber noch etwas Biss haben. Dabei oft durchrühren und nach und nach die restliche Brühe zugeben.

3 Orangenschale fein hacken. Frühlingszwiebelgrün waschen, in feine Ringe schneiden. Feta in knapp 1 cm dicke Streifen schneiden. 1 EL Butter in kleine Würfel schneiden und mit Orangenschale und Zwiebelgrün unter den Risotto ziehen. Mit Salz und nach Belieben Chilipulver abschmecken und zugedeckt ziehen lassen.

4 Die übrige Butter in einer Pfanne schmelzen. Den Schafskäse darin bei mittlerer Hitze pro Seite 1 Min. braten. Risotto auf vorgewärmte tiefe Teller verteilen und jeweils mit Fetastreifen garnieren. Rasch servieren.

FÜR 2 PERSONEN
ZUBEREITUNG: 40 MIN.
PRO PORTION CA. 650 kcal
18 g EW, 23 g F, 90 g KH

250 g frische Rote Beten
1 Schalotte
1 Knoblauchzehe
1 Zweig Rosmarin
3 EL Butter
200 g Risottoreis

2 EL Orangenlikör
 (z. B. Grand Marnier;
 nach Belieben)
gut 1/2 l heiße Gemüse-
 brühe
1 Stück Bio-Orangen-
 schale (ca. 2 cm)

1 Frühlingszwiebel
 (nur das Grün)
100 g Schafskäse (Feta)
Salz
Chilipulver (nach
 Belieben; ca. 1/4 TL)

84 ★ GETREIDE

GERSTENTOPF MIT LAUCH UND APFEL

FÜR 2 PERSONEN
ZUBEREITUNG: 45 MIN.
PRO PORTION CA. 520 kcal
20 g EW, 15 g F, 74 g KH

- 1 Schalotte
- 1 EL Butter
- 170 g Rollgerste (Gerstengraupen)
- 75 ml trockener Cidre (oder ungesüßter Apfelsaft)
- 1/2 l Gemüsebrühe
- 1 Stange Lauch
- 1 säuerlicher Apfel (ca. 180 g)
- 1/2 TL edelsüßes Paprikapulver
- 75 g gut schmelzender Käse (z. B. Südtiroler Stilfser Käse oder mittelalter Bergkäse)
- Salz, schwarzer Pfeffer
- 1/2 Kästchen Gartenkresse

1 Die Schalotte schälen und fein würfeln. In einem Topf 1/2 EL Butter zerlassen und die Schalotte darin andünsten. Gerste ungewaschen dazugeben und gut unterrühren. Den Cidre angießen und fast ganz verdampfen lassen. Die Hälfte der Gemüsebrühe angießen und die Gerste zugedeckt bei schwacher Hitze ca. 15 Min. garen.

2 Inzwischen den Lauch vom Wurzelende und welken grünen Blattteilen befreien. Lauch längs aufschlitzen und gründlich waschen, in Streifen schneiden. Den Apfel vierteln, schälen und vom Kerngehäuse befreien, dann in Würfel schneiden. Die übrige Butter in einer Pfanne zerlassen. Lauch und Apfel darin unter Rühren bei mittlerer Hitze 3–4 Min. braten.

3 Das Gemüse mit der übrigen Brühe und dem Paprikapulver unter die Gerste rühren und das Ganze weitere 15 Min. garen, bis die Gerstenkörner weich sind, aber noch Biss haben.

4 Inzwischen den Käse von der Rinde befreien und klein würfeln. Den Käse unter die Gerste rühren und schmelzen lassen. Die Gerste mit Salz und Pfeffer abschmecken. Die Kresse mit einer Schere vom Beet schneiden und vor dem Servieren aufstreuen.

FÜR 2 PERSONEN
ZUBEREITUNG: 40 MIN.
TROCKNEN: 1 STD.
PRO PORTION CA. 405 kcal
10 g EW, 14 g F, 59 g KH

FÜR DIE POLENTA:
150 g Instant-Polenta
Salz
2 Zweige Rosmarin
1 1/2 EL Olivenöl

FÜR DAS GEMÜSE:
1/2 Döschen Safranfäden (0,05 g)
75 ml trockener Weißwein oder Gemüsebrühe
300 g Mangold, Salz
3 Frühlingszwiebeln
1 Knoblauchzehe
1 Stück Chilischote
125 g Tomaten
1 EL Olivenöl
1/2 TL Tomatenmark

POLENTAWÜRFEL MIT MANGOLDGEMÜSE

1 Für die Polenta 1/2 l Wasser mit Salz zum Kochen bringen. Die Polenta gut einrühren und zugedeckt bei schwacher Hitze 10 Min. garen. Die Polenta mit einem angefeuchteten Kochlöffel ca. 1 cm dick auf einem Brett verstreichen. Etwa 1 Std. trocknen lassen.

2 Für das Gemüse den Safran zwischen den Fingern zerreiben und mit dem Wein oder der Brühe mischen. Den Mangold waschen, die Blätter abschneiden und grob hacken. In kochendem Salzwasser 2 Min. kochen lassen, kalt abschrecken, abtropfen lassen.

3 Die Mangoldstiele in feine Streifen schneiden. Die Frühlingszwiebeln putzen und waschen, die weißen und hellgrünen Teile in feine Ringe schneiden. Den Knoblauch schälen, halbieren und in feine Scheiben schneiden. Das Chilistück mitsamt den Kernen fein hacken. Die Tomaten waschen oder häuten (s. S. 12) und in kleine Würfel schneiden, dabei die Stielansätze herausschneiden.

4 Den Rosmarin waschen, die Nadeln abzupfen. Die Polenta 1 cm groß würfeln. Mangoldstiele mit den Zwiebelringen, dem Knoblauch und Chili im Öl bei mittlerer Hitze 2–3 Min. braten. Safran und Tomaten mit Tomatenmark untermischen und das Gemüse zugedeckt bei schwacher Hitze ca. 5 Min. dünsten. Die Mangoldblätter untermischen und das Gemüse mit Salz abschmecken. Inzwischen die Polenta mit dem Rosmarin im Öl bei starker Hitze in ca. 5 Min. schön knusprig braten. Zwischendurch umrühren. Die Polentawürfel mit dem Gemüse servieren.

FÜR 2 PERSONEN
ZUBEREITUNG: 25 MIN.
QUELLEN: 30 MIN.
PRO PORTION CA. 585 kcal
22 g EW, 29 g F, 58 g KH

1 EL getrocknete Steinpilze
200 ml trockener Weißwein (oder Gemüsebrühe mit etwas Zitronensaft)
250 g Egerlinge oder Champignons

1 Schalotte
2 Knoblauchzehen
1 EL Olivenöl
150 g Instant-Polenta
300 ml Gemüsebrühe
Salz, schwarzer Pfeffer

1/4 Bund Petersilie
100 g Edelpilzkäse
1 EL Butter

PILZPOLENTA MIT KÄSE

1 Die getrockneten Pilze in einer Schüssel mit dem Wein mischen und 30 Min. quellen lassen. Dann abgießen und die Flüssigkeit dabei auffangen. Die Pilze fein hacken, die Einweichflüssigkeit durch eine Filtertüte laufen lassen.

2 Die frischen Pilze mit feuchtem Küchenpapier sauber abreiben, die Stielenden abschneiden. Die Pilze in ca. 1/2 cm dicke Scheiben schneiden. Schalotte und Knoblauch schälen. Die Schalotte halbieren und in Streifen schneiden. Den Knoblauch fein hacken.

3 Das Öl in einem Topf erhitzen, die frischen und die getrockneten Pilze einrühren und bei mittlerer Hitze ca. 4 Min. unter Rühren braten. Schalotte und Knoblauch kurz mitbraten, dann die Polenta, die Einweichflüssigkeit und die Brühe dazugeben, salzen, pfeffern und zum Kochen bringen. Die Polenta zugedeckt bei schwacher Hitze in ca. 5 Min. ausquellen lassen.

4 Inzwischen die Petersilie waschen und trocken schütteln. Die Blättchen abzupfen und fein hacken. Den Käse und die Butter in kleine Würfel schneiden. Käse, Butter und Petersilie unter die Polenta rühren und weitergaren, bis Käse und Butter geschmolzen sind. Mit Salz und Pfeffer abschmecken und gleich servieren.

* **DAS SCHMECKT DAZU** Tomatensalat mit Balsamicoessig oder Gurkensalat mit Sahnedressing und frisch gehacktem Dill

GETREIDE * 87

PFANNKUCHEN MIT GEMÜSE

1 Für den Pfannkuchenteig das Mehl mit 1 Prise Salz in einer Schüssel mischen. Die Milch und die Eier nach und nach mit dem Schneebesen unterrühren, bis keine Klümpchen mehr zu sehen sind. Den Teig bei Zimmertemperatur ca. 30 Min. quellen lassen.

2 Inzwischen das Gemüse waschen. Von Aubergine und Zucchino die Enden abschneiden, das Gemüse sehr klein würfeln. Die Paprikaschote halbieren, Stiel und Trennhäutchen mit den Kernen entfernen und die Paprika ebenfalls klein würfeln. Die Zwiebel und den Knoblauch schälen und fein würfeln. Den Rosmarin waschen und trocken schütteln, die Nadeln abzupfen und hacken.

3 Das Öl in einem Schmortopf erhitzen. Die Gemüsewürfel, die Zwiebel, den Knoblauch und den Rosmarin darin unter Rühren andünsten. Die Tomaten dazugeben, das Gemüse mit Salz und Pfeffer würzen und zugedeckt bei schwacher Hitze ca. 15 Min. schmoren.

4 Inzwischen den Backofen auf 70° vorheizen. 1 TL Butterschmalz in einer Pfanne schmelzen. Einen Schöpfer Pfannkuchenteig in die Pfanne geben und durch Schwenken darin verteilen. Bei mittlerer Hitze ca. 1 Min. braten, den Pfannkuchen umdrehen und noch einmal ca. 1 Min. braten. Auf einem Teller im Backofen warm halten. Aus dem Teig weitere sieben Pfannkuchen backen und ebenfalls warm halten.

5 Wenn alle Pfannkuchen gebacken sind, sie mit dem Gemüse auf den Tisch stellen. Zum Essen Pfannkuchen mit Gemüse bedecken, etwas Käse darüberraspeln und mit Basilikum belegen.

★ SPEED-TIPP Die Pfannkuchen schmecken auch mit einem Belag aus rohen Tomatenwürfeln und Schafskäse (Feta).

FÜR 2 PERSONEN
ZUBEREITUNG: 1 STD.
PRO PORTION CA. 755 kcal
37 g EW, 36 g F, 62 g KH

FÜR DIE PFANNKUCHEN:
150 g (Vollkorn-)Weizen- oder Dinkelmehl
Salz
300 ml Milch
2 Eier (Größe M)
1 EL Butterschmalz zum Braten

FÜR DIE FÜLLUNG:
1 kleine Aubergine
1 Zucchino
1 gelbe Paprikaschote
1 rote Zwiebel
2 Knoblauchzehen
2 Zweige Rosmarin
2 EL Olivenöl
200 g gehackte Tomaten (Tetrapak)
Salz, schwarzer Pfeffer
50 g Pecorino am Stück
Basilikumblättchen zum Bestreuen

GETREIDE ★ 89

HIRSEPUFFER MIT TOMATENSALAT

1 Die Hirsekörner in einem Sieb mit kaltem Wasser abspülen. In einen Topf füllen. 1/4 l Wasser und Salz dazugeben und zum Kochen bringen. Die Hirse zugedeckt bei schwacher Hitze ca. 10 Min. garen, dann auf der abgeschalteten Herdplatte ca. 20 Min. ziehen lassen.

2 Inzwischen die Schalotte schälen und sehr fein würfeln. Die Petersilie waschen und trocken schütteln, die Blättchen abzupfen und fein hacken. Die Kürbiskerne ebenfalls hacken.

3 Für den Salat Tomaten waschen, ohne Stielansätze in Spalten schneiden. Zwiebel schälen, vierteln und in feine Streifen schneiden. Basilikumblättchen klein zupfen. Balsamicoessig mit Salz, Pfeffer und Honig verrühren, das Öl unterschlagen. Tomaten und Zwiebel damit mischen und abschmecken. Basilikum aufstreuen.

4 Die Hirse mit Schalotte, Petersilie, Kürbiskernen und Eiern verrühren, dann mit Salz und Pfeffer würzen. In einer Pfanne Butter und Öl erhitzen. Die Hirsemasse löffelweise in die Pfanne setzen, zu Puffern formen und bei mittlerer Hitze ca. 4 Min. braten. Umdrehen und nochmals ca. 4 Min. braten. Mit dem Salat servieren.

FÜR 2 PERSONEN
ZUBEREITUNG: 40 MIN.
PRO PORTION CA. 535 kcal
16 g EW, 30 g F, 52 g KH

FÜR DIE PUFFER:
125 g Hirsekörner
Salz, 1 Schalotte
1/2 Bund Petersilie
1/2 EL Kürbiskerne
2 Eier (Größe M)
schwarzer Pfeffer
1 EL Butter
1 EL Öl

FÜR DEN SALAT:
300 g Tomaten
1 milde weiße oder
   rote Zwiebel
4 Zweige Basilikum
1 EL Balsamico bianco
Salz, schwarzer Pfeffer
1 Msp. Honig
2 EL Olivenöl

BULGUR MIT FENCHEL UND KÄSE

FÜR 2 PERSONEN
ZUBEREITUNG: 35 MIN.
PRO PORTION CA. 530 kcal
20 g EW, 22 g F, 62 g KH

150 g Bulgur
300 ml Gemüsebrühe
2 kleinere oder 1 große Fenchelknolle (ca. 400 g)
200 g Tomaten
2 Frühlingszwiebeln
2 Knoblauchzehen
3 EL Olivenöl

1/2 TL Fenchelsamen (nach Belieben)
2 EL Anisschnaps (Pastis; nach Belieben)
1 EL kleine schwarze Oliven
Salz, schwarzer Pfeffer
1 Stück mittelalter Pecorino oder Manchego (ca. 40 g)

1 Den Bulgur mit der Brühe in einem Topf zum Kochen bringen. Zugedeckt bei schwacher Hitze in ca. 20 Min. ausquellen lassen. Offen lauwarm auskühlen lassen.

2 Inzwischen den Fenchel waschen, welke äußere Blätter ablösen und braune Stellen abschneiden. Den Fenchel vierteln, vom Strunk befreien und in Scheiben schneiden. Tomaten waschen oder häuten (s. S. 12) und ohne Stielansätze klein würfeln. Frühlingszwiebeln putzen und waschen, weiße und hellgrüne Teile in feine Ringe schneiden. Knoblauch schälen, in dünne Scheiben schneiden.

3 In einem Topf die Hälfte des Öls erhitzen, den Fenchel darin mit den Fenchelsamen anbraten. Die Zwiebelringe und den Knoblauch kurz mitbraten, dann nach Belieben mit dem Anisschnaps ablöschen. Die Tomaten und 50 ml Wasser dazugeben, die Oliven untermischen und das Gemüse salzen und pfeffern. Zugedeckt bei schwacher Hitze in ca. 2 Min. bissfest garen.

4 Inzwischen das übrige Öl in einer Pfanne erhitzen. Den Bulgur darin unter Rühren bei starker Hitze ca. 3 Min. rösten. Locker mit dem Gemüse mischen, abschmecken und den Käse darüberhobeln.

★ VARIANTE Schmeckt auch mit Kohlrabi und Paprika.

FÜR 2 PERSONEN
ZUBEREITUNG: 30 MIN.
KÜHLEN: 1 STD.
BACKEN: 30 MIN.
PRO PORTION CA. 1010 kcal
27 g EW, 75 g F, 56 g KH

FÜR DEN TEIG:
150 g Mehl
1 EL frisch geriebener Parmesan
1/2 TL Salz
80 g kalte Butter

FÜR DEN BELAG:
250 g grüner Spargel
Salz
4 Cocktailtomaten
150 g Blauschimmelkäse
1 Ei (Größe M)
50 g Crème fraîche (oder saure Sahne)
schwarzer Pfeffer
frisch geriebene Muskatnuss

SPARGELTARTE

1 Für den Teig das Mehl mit dem Käse und dem Salz mischen. Die Butter in kleine Würfel schneiden und dazugeben. Alles zu einem glatten Teig verkneten. Falls er zu trocken ist, etwas kaltes Wasser unterarbeiten. Den Teig zu einer Kugel formen, zwischen Frischhaltefolie rund ausrollen und eine Tarteform von ca. 18 cm Ø damit auskleiden. Etwa 1 Std. kühl stellen.

2 Für den Belag den Spargel waschen und putzen, in ca. 2 cm lange Stücke schneiden. Salzwasser zum Kochen bringen, den Spargel darin ca. 1 Min. sprudelnd kochen lassen. In einem Sieb kalt abschrecken und abtropfen lassen.

3 Den Backofen auf 200° vorheizen. Die Tomaten waschen und halbieren. Den Käse würfeln und mit dem Ei und der Crème fraîche mit dem Pürierstab oder in der Küchenmaschine fein zerkleinern. Mit Salz, Pfeffer und 1 Prise Muskat abschmecken.

4 Den abgetropften Spargel gleichmäßig auf dem Teigboden auslegen. Die Tomaten mit der Schnittfläche nach oben dazwischen verteilen und die Käsemischung darübergießen.

5 Die Tarte im Ofen (Mitte, Umluft 180°) ca. 30 Min. backen, bis sie schön gebräunt ist. Kurz stehen lassen, danach in Stücke schneiden und servieren.

★ DAS SCHMECKT DAZU Rucolasalat mit Balsamico-Dressing

FÜR 2 PERSONEN
ZUBEREITUNG: 45 MIN.
RUHEN: 1 STD.
BACKEN: CA. 15 MIN.
PRO PORTION CA. 550 kcal
27 g EW, 22 g F, 61 g KH

FÜR DEN TEIG:
150 g Mehl
1/2 TL Salz
10 g frische Hefe
1 EL Olivenöl
Mehl zum Arbeiten

FÜR DEN BELAG:
250 g Blattspinat, Salz
1 kleine Dose geschälte Tomaten (400 g; oder 1/2 Dose stückige Tomaten à 200 g)
2 Knoblauchzehen
1/2 TL getrockneter Thymian
1 EL kleine Kapern
1 EL entsteinte grüne Oliven
1 Stück Chilischote (nach Belieben; oder schwarzer Pfeffer)
125 g Mozzarella
1 EL Olivenöl

SPINATPIZZA

1 Für den Teig das Mehl mit dem Salz in einer Schüssel mischen. Die Hefe mit 75 ml lauwarmem Wasser verrühren und mit dem Öl zum Mehl geben. Alles auf der leicht bemehlten Arbeitsfläche zu einem glatten, geschmeidigen Teig verkneten, wieder in die Schüssel legen und zugedeckt ca. 1 Std. gehen lassen, bis der Teig sein Volumen fast verdoppelt hat.

2 Backofen auf 250° (Umluft 220°) vorheizen, das Blech mit Backpapier auslegen. Für den Belag den Spinat von welken Blättern und dicken Stielen befreien, gründlich waschen, dann in kochendem Salzwasser in 1–2 Min. zusammenfallen lassen. In einem Sieb kalt abschrecken und abtropfen lassen. Spinatblätter gut ausdrücken.

3 Tomaten abtropfen lassen (Saft anderweitig verwenden) und fein hacken. Knoblauch schälen und fein hacken. Mit dem gerebelten Thymian und den Kapern untermischen. Oliven grob schneiden und ebenfalls untermischen. Nach Belieben das Chilistück hacken und unterrühren. Sauce mit Salz und eventuell Pfeffer würzen.

4 Den Teig noch einmal durchkneten und zu einem ovalen Fladen mit dickeren Rändern ausrollen. Diesen auf das Blech legen und mit der Tomatensauce gleichmäßig bestreichen. Den Spinat darauf verteilen. Käse in Scheiben schneiden und darauflegen. Die Spinatpizza mit dem Öl beträufeln. Im Ofen (Mitte) 12–15 Min. backen, bis der Rand schön braun ist. (Alternativ ein nur halbgroßes Blech vollständig mit dem Teig auslegen und belegen, siehe Foto.)

GETREIDE ★ 93

HÜLSEN-FRÜCHTE

CRASHKURS HÜLSENFRÜCHTE

Weiße Bohnen gibt es von klein (Cannelli) bis riesig (Lima). Besonders gut sind sie als Gemüse oder Salat.

In vielen Farben sind andere getrocknete **Bohnen** im Handel: rot oder schwarz, gepunktet oder gesprenkelt.

Kichererbsen sind größer als normale Erbsen und gelb bis rötlich. Sie schmecken geschmort, als Suppe oder Püree.

Trockenerbsen gibt's grün oder gelb, mit oder ohne Schale. Bekannt vor allem als Suppe, fein als Klößchen.

Eigentlich gehören auch grüne Bohnen, frische Erbsen und Zuckerschoten zu den Hülsenfrüchten, sie zählen von Inhaltsstoffen und Verwendung aber zum Gemüse. So beschränken wir uns hier auf die getrockneten Samenkerne.

DAS STECKT DRIN

Von allen pflanzlichen Lebensmitteln haben getrocknete Hülsenfrüchte den höchsten Eiweißgehalt. Ferner stecken in ihnen eine Menge an Vitaminen der B-Gruppe sowie Eisen und Ballaststoffe, die dem Darm zugutekommen. Besonders gesund ernähren Sie sich, wenn Sie Hülsenfrüchte mit anderen eiweißhaltigen Lebensmitteln kombinieren, das Gesamteiweiß ist dann hochwertiger als das der einzelnen Lebensmittel. Man spricht von einer hohen biologischen Wertigkeit. Optimale Partner für Hülsenfrüchte sind Getreide, z. B. Mais oder Weizen, Milchprodukte wie Joghurt oder Käse sowie Ei. Und auch Nüsse ergänzen die wertvollen Eiweißlieferanten aufs Beste.

DIE VERSCHIEDENEN SORTEN

Bohnenkerne gibt es in Weiß, Rot, Schwarz und gesprenkelt. Alle Sorten werden über Nacht eingeweicht und dann in frischem Wasser in 1 1/2–2 Std. gegart.

Erbsen/Kichererbsen Erbsen sind in gelber oder grüner Farbe zu haben, und zwar geschält oder ungeschält. Geschälte Erbsen brauchen nicht eingeweicht zu werden – Garzeit ca. 1 Std. Ungeschälte Erbsen hingegen müssen über Nacht quellen und dann in ca. 1 1/2 Std. weich gekocht werden. Kichererbsen haben einen besonders intensiven Geschmack. Sie werden ebenfalls über Nacht eingeweicht und brauchen anschließend eine Garzeit von 1 1/2–2 Std. Kichererbsenmehl kann man zu einem Ausbackteig verarbeiten (250 g Kichererbsenmehl mit 2 TL Öl, 1 TL Salz und 300 ml lauwarmem Wasser verrühren, 15 Min. quellen lassen), eingeweichte und gemahlene Kichererbsen zu einem Teig kneten, zu Bällchen formen und frittieren (Falafel).

Tellerlinsen sind um die 7 mm groß und frisch geerntet grünlich; länger gelagert werden die Linsen bräunlich.

Extra klein und fein: **Puy-Linsen** und die fast schwarzen nach dem Kaviar benannten **Beluga-Linsen**.

Rote Linsen sind geschält und zerfallen deshalb in zwei Hälften. So garen sie in nur sehr kurzer Zeit weich.

Ein **Weichmacher** für alle Hülsenfrüchte ist Natron, ein feines weißes Pulver, das man im Backregal findet.

Linsen sind die kleinsten unter den Hülsenfrüchten und haben die kürzeste Garzeit. Sie müssen nicht eingeweicht werden. Besonders gute Sorten sind die kleinen grünlichen und aromatischen Puy-Linsen aus Frankreich, seit einiger Zeit im Handel auch die schwarzen Beluga-Linsen. Geschält und daher noch schneller gar sind rote Linsen. Sie verkochen beim Garen und sind deshalb ideal als Suppe oder Püree.

EINWEICHEN UND GAREN

Bis auf Linsen und geschälte Erbsen werden alle Hülsenfrüchte über Nacht in Wasser eingeweicht. Die Hülsenfrüchte gut damit bedecken, denn sie saugen in der Zeit eine ganze Menge Flüssigkeit auf. Übrigens verdoppeln die Hülsenfrüchte ihr Gewicht beim Einweichen in etwa; aus 100 g werden also 200 g, und beim anschließenden Garen kommen noch einmal ca. 30 g hinzu. Hierfür werden die Hülsenfrüchte abgegossen und mit frischem Wasser in einem Topf zum Kochen gebracht. Man kann auch Kräuter wie Lorbeer, Bohnenkraut, Salbei oder Rosmarin und Gewürze, z. B. eine angequetschte Chilischote, zugeben. Und: 1 TL Natron im Wasser sorgt dafür, dass die Hülsenfrüchte schneller gar werden, – ebenso wie kalkarmes Wasser. Das Wasser also eventuell abkochen. Leicht salzen kann man das Wasser, aber Säure ist tabu.

HÜLSENFRÜCHTE IN DOSEN

Vor allem weiße Bohnen und Kichererbsen, aber auch rote Bohnen gibt es bereits gegart in der Dose oder im Glas zu kaufen. Sie unterscheiden sich im Gehalt an wertvollen Inhaltsstoffen kaum von selbst gekochten Bohnen und Co. Insbesondere, wenn man es mal eilig hat, sind sie also eine gute Alternative, vor allem als Bioware. Einziger Unterschied: Sie sind meist sehr weich gegart. In jedem Fall werden sie vor dem Verwenden in einem Sieb sehr gründlich abgespült. Und: Achten Sie beim Einkauf darauf, dass sich in der Dose tatsächlich nur die Hülsenfrüchte, Wasser und Salz befinden und nicht etwa zusätzlich eine Tomatensauce.

HÜLSENFRÜCHTE * 97

1. ROTE BOHNEN IN CHILI-TOMATEN-SAUCE (FÜR 2 PERSONEN)

1. 100 g rote Bohnen (Kidney-Bohnen) in eine Schüssel füllen und gut mit Wasser bedecken. Die Bohnen über Nacht quellen lassen.

2. Abgießen, in einen Topf füllen und mit frischem Wasser bedecken. 1 Rosmarinzweig, 1 Lorbeerblatt und 4 Thymianzweige zugeben.

3. Zum Kochen bringen. Bohnen bei geringer Hitze und halb aufgelegtem Deckel in 1–1 1/2 Std. gar, aber nicht zu weich kochen.

2. ROTE-LINSEN-SUPPE (FÜR 2 PERSONEN)

1. Rote Linsen sind geschält und müssen nicht eingeweicht werden. 100 g rote Linsen verlesen, also Steinchen aussortieren.

2. 1 kleine Zwiebel, 2 Knoblauchzehen und 1 junge Möhre schälen und getrennt voneinander in möglichst kleine Würfel schneiden.

3. 1/2 EL Butter im Topf zerlassen und die Zwiebel-, Knoblauch- und Möhrenwürfel darin andünsten, bis sie glasig aussehen.

3. FALAFEL AUS ERBSEN (FÜR 2 PERSONEN)

1. Mit Erbsen wird der Teig noch besser als mit Kichererbsen. 125 g gelbe oder grüne Trockenerbsen über Nacht in Wasser einweichen.

2. Am nächsten Tag 1 Zwiebel und 1 Knoblauchzehe schälen und nur grob zerschneiden, je 1/4 Bund Petersilie und Koriander grob hacken.

3. Die Erbsen abtropfen lassen und in der Küchenmaschine mit Zwiebel, Knoblauch und Kräutern so fein wie möglich zerkleinern.

4. 1 Zwiebel schälen, mit 1/2 Chilischote fein würfeln. 250 g Tomaten häuten (s. S. 12), klein würfeln. Bohnen im Sieb abtropfen lassen.

5. Zwiebel und Chili in 1 EL Olivenöl andünsten. Tomaten dazugeben und bei mittlerer Hitze 10 Min. schmoren. Bohnen untermischen.

6. Bohnen salzen, eventuell mit Chili oder Tabascosauce und 1 TL Balsamico würzen und weitere 10 Min. schmoren. Dazu: Tortillas.

4. Linsen zugeben und mitgaren, bis sie vom Fett überzogen sind. 600 ml Gemüsebrühe angießen. Linsen bei schwacher Hitze garen.

5. Nach 20–25 Min. sind sie so weich, dass sie fast zerfallen. Trotzdem im Topf mit dem Pürierstab schön glatt durchmixen, salzen.

6. 2 Scheiben Toastbrot würfeln und in 1/2 EL Butter braten. 1 TL Paprikapulver in 1/2 EL Butter auflösen. Beides auf die Suppe geben.

4. Erbsenmasse in eine Schüssel umfüllen und mit je 1/2 TL Koriander-, Kreuzkümmel- und mildem Paprikapulver sowie Salz mischen.

5. Mit den Händen ca. 20 Bällchen formen. 3/4 l Frittieröl erhitzen. An einem hineingehaltenen Holzstäbchen müssen Bläschen aufsteigen.

6. Die Falafel ca. 5 Min. frittieren, dann die Erbsenbällchen herausheben, auf Küchenpapier abtropfen lassen und mit Joghurt essen.

www.küchengötter.de/vegivideos

HÜLSENFRÜCHTE ✱ 99

CROSTINI MIT BOHNEN-BASILIKUM-CREME

FÜR 2 PERSONEN
ZUBEREITUNG: 15 MIN.
PRO PORTION CA. 195 kcal
6 g EW, 6 g F, 30 g KH

1/2 Bund Basilikum
1/2 Bio-Zitrone
2 Knoblauchzehen

100 g gegarte weiße Bohnen (selbst gekocht oder aus der Dose bzw. dem Glas)
1 EL Olivenöl

Salz, Chilipulver
4 Scheiben Weißbrot
2 TL kleine Kapern zum Garnieren (nach Belieben)

1 Das Basilikum waschen und trocken schütteln. Die Blättchen abzupfen und sehr fein hacken. Die Zitronenhälfte heiß waschen und abtrocknen, die Schale fein abreiben und den Saft auspressen. Den Knoblauch schälen und durchpressen.

2 Die Bohnen abtropfen lassen und mit dem Knoblauch, 2 TL Zitronensaft und dem Öl fein pürieren. Das Basilikum und die Zitronenschale untermischen und die Creme mit Salz und 1 Prise Chilipulver abschmecken.

3 Den Backofen auf 250° (Umluft 220°) vorheizen und die Brotscheiben darin 4–5 Min. rösten. Oder das Brot im Toaster rösten. Die Creme auf den Brotscheiben verstreichen. Nach Belieben vor dem Servieren Kapern aufstreuen.

KICHERERBSENPÜREE MIT WÜRZÖL

FÜR 2 PERSONEN
ZUBEREITUNG: 20 MIN.
PRO PORTION CA. 240 kcal
4 g EW, 19 g F, 12 g KH

- 1 Knoblauchzehe
- 100 g gegarte Kichererbsen (selbst gekocht oder aus der Dose oder dem Glas)
- 3 EL Olivenöl
- 1 1/2 EL Zitronensaft
- 2 EL Gemüsebrühe (oder Wasser)
- 1 EL Mandel- oder Sesampaste (aus dem Glas, Bioladen)
- 1 gehäutete rote Paprikaschote (aus dem Glas)
- 4 Zweige Petersilie
- Salz, schwarzer Pfeffer
- 1 TL edelsüßes Paprikapulver
- je 1/2 TL rosenscharfes Paprikapulver, gemahlener Koriander und Kreuzkümmel

1 Die Knoblauchzehe schälen und grob schneiden. Die Kichererbsen abtropfen lassen und mit dem Knoblauch, 1 EL Öl, dem Zitronensaft, der Gemüsebrühe und der Mandel- oder Sesampaste zu einer cremigen Masse pürieren.

2 Die Paprika abtropfen lassen und in kleine Würfel schneiden. Die Petersilie waschen und trocken schütteln. Die Blättchen abzupfen und fein hacken. Beides unter das Kichererbsenpüree mischen und alles mit Salz und Pfeffer abschmecken. In ein oder zwei Schälchen füllen.

3 Das übrige Öl in eine kleine Pfanne geben und lauwarm werden lassen. Die Gewürze einrühren und leicht salzen. Vor dem Servieren über das Kichererbsenpüree träufeln.

* **DAS SCHMECKT DAZU** Fladenbrot – am besten im Backofen bei 150° kurz aufgebacken – und Oliven; nach Bellieben auch ein paar Gurkenscheiben und Tomatenachtel, leicht mit Salz und Pfeffer gewürzt.

* **TIPP** Falls Sie Bohnen aus der Dose verwendet haben, bleiben ca. 140 g übrig. Machen Sie daraus am nächsten Tag eine Suppe. Kirchererbsen fein pürieren und mit 1/2 l Gemüsebrühe erhitzen. Mit Zitronenschale, Salz und scharfem Paprikapulver würzen und mit Fetakrümeln und Tomatenwürfeln bestreut servieren.

FÜR 2 PERSONEN
ZUBEREITUNG: 30 MIN.
QUELLEN: 24 STD.
KOCHEN: CA. 1 STD. 30 MIN.
PRO PORTION CA. 340 kcal
20 g EW, 19 g F, 22 g KH

100 g kleine weiße Bohnen
1 getrocknete Chilischote
1 Zweig Salbei
1 Lorbeerblatt
200 g zarte Zucchini
Salz, 1 Tomate

1/2 Bio-Zitrone
2 TL Pesto (aus dem Glas)
schwarzer Pfeffer
2 EL Olivenöl
1 Stück Parmesan
   (ca. 40 g; oder Pecorino)

BOHNEN-ZUCCHINI-SALAT

1 Die Bohnen in einer Schüssel mit Wasser bedecken und über Nacht quellen lassen. Am nächsten Tag abgießen und mit frischem Wasser in einen Topf füllen. Die Chilischote leicht andrücken, den Salbei kalt abspülen. Beides mit dem Lorbeerblatt zu den Bohnen geben und zum Kochen bringen. Bohnen zugedeckt bei schwacher bis mittlerer Hitze in 1–1 1/2 Std. weich kochen.

2 Die Bohnen dann abgießen und abtropfen und abkühlen lassen. Die Zucchini waschen und die Enden abschneiden. Die Zucchini rob raspeln und in einer Schüssel mit Salz mischen. Etwa 10 Min. stehen und Wasser ziehen lassen. Die Flüssigkeit abgießen.

3 Die Tomate waschen, vom Stielansatz befreien und in kleine Würfel schneiden. Die Zitronenhälfte heiß waschen, die Schale fein abreiben und den Saft auspressen. 1 EL Zitronensaft und die Zitronenschale mit Pesto, Salz, Pfeffer und dem Öl cremig schlagen. Bohnen und Zucchini mit Tomatenwürfeln und der Sauce mischen. Vom Parmesan mit dem Gurken- oder Trüffelhobel mittelfeine Späne über den Salat hobeln.

* **DAS SCHMECKT DAZU** Laugenbrezeln oder Ciabatta und für eine Hauptmahlzeit Getreidebratlinge oder Ofenkartoffeln.

* **SPEED-TIPP** Statt der getrockneten Bohnen 1 Dose gegarte weiße Bohnen verwenden. Diese abspülen, abtropfen lassen und mit den Zutaten, wie oben beschrieben, mischen.

FÜR 2 PERSONEN
ZUBEREITUNG: 20 MIN.
KOCHEN: CA. 45 MIN.
PRO PORTION CA. 205 kcal
11 g EW, 8 g F, 20 g KH

- 80 g braune, grüne oder schwarze Linsen
- 8 Radieschen
- 2 Frühlingszwiebeln
- 4 Cocktailtomaten
- 1/2 Bund Schnittlauch
- 1/2 Bio-Zitrone
- 50 g saure Sahne
- 1 TL mittelscharfer Senf
- 1/4 TL flüssiger Honig (oder Ahornsirup)
- Salz
- schwarzer Pfeffer
- 1 EL Rapsöl

LINSENSALAT MIT RADIESCHEN

1 Die Linsen in einem Topf mit 1/2 l Wasser bedecken und zum Kochen bringen. Die Linsen zugedeckt bei schwacher bis mittlerer Hitze in 35–45 Min. bissfest garen. Zwischendurch probieren und bei Bedarf noch etwas Wasser nachgießen.

2 Die Linsen in ein Sieb abgießen, abtropfen und leicht abkühlen lassen. Inzwischen die Radieschen waschen und die Enden abschneiden. Radieschen erst in Scheiben, dann in Streifen schneiden. Die Frühlingszwiebeln putzen und waschen, die weißen und hellgrünen Teile in feine Ringe oder Streifen schneiden. Die Tomaten waschen und vierteln.

3 Für die Salatsauce den Schnittlauch waschen, trocken schütteln und in feine Röllchen schneiden. Die Zitronenhälfte heiß waschen und abtrocknen, die Schale fein abreiben, den Saft auspressen. Die saure Sahne mit 1 EL Zitronensaft und der Zitronenschale sowie mit Senf, Honig, etwas Salz und Pfeffer verrühren, das Öl gründlich untermischen.

4 Linsen, Radieschen, Zwiebelringe und Tomaten mit der Sauce locker mischen und abschmecken.

* TAUSCH-TIPP Fruchtig wird der Salat, wenn Sie die Radieschen und die Tomaten durch 1 säuerlichen Apfel oder 1 saftige Birne ersetzen. Auch fein: Mango oder Ananas und Korianderblättchen in der Salatsauce.

HÜLSENFRÜCHTE * 103

DAL MIT MANGO

1 Den Ingwer, die Zwiebel und den Knoblauch schälen und fein würfeln. Die Chilischote waschen, vom Stiel befreien und mit den Kernen in feine Ringe schneiden. Die Mangohälfte schälen und das Fruchtfleisch vom Stein abschneiden. Mangofleisch in kleine Würfel schneiden, die Hälfte davon zugedeckt beiseitelegen.

2 Die Hälfte vom Öl in einem Topf erhitzen. Zwiebel, Knoblauch, Ingwer und Chili darin andünsten. Die Linsen kurz mitdünsten. Brühe, die Hälfte der Mango und alle Gewürze zugeben und gut unterrühren. Das Dal zugedeckt bei schwacher Hitze ca. 25 Min. garen, bis die Linsen zerfallen sind. Ab und zu umrühren und bei Bedarf noch etwas Wasser oder Brühe nachgießen.

3 Inzwischen die Limettenhälfte heiß waschen, abtrocknen und die Schale fein abreiben. Das restliche Öl erhitzen, die Kokosflocken darin bei mittlerer Hitze unter Rühren anrösten, mit der Limettenschale und Salz abschmecken, auf einem Teller beiseitestellen.

4 Dal mit Salz abschmecken und die übrigen Mangowürfel unterrühren. Auf Teller verteilen und mit Kokosflocken garniert servieren.

* DAS SCHMECKT DAZU indisches Fladenbrot

FÜR 2 PERSONEN
ZUBEREITUNG: 40 MIN.
PRO PORTION CA. 275 kcal
11 g EW, 13 g F, 27 g KH

- 1 Stück Ingwer (ca. 2 cm)
- 1 kleine Zwiebel
- 2 Knoblauchzehen
- 1 rote Chilischote
- 1/2 Mango
- 1 EL Öl
- 80 g rote geschälte Linsen
- 3/8 l Gemüsebrühe
- je gut 1/2 TL gemahlener Koriander, Kreuzkümmel und Kurkuma
- 1 TL edelsüßes Paprikapulver
- je 1 kräftige Prise gemahlene Nelken und Zimtpulver
- 1/2 Bio-Limette
- 2 EL Kokosflocken
- Salz

104 * HÜLSENFRÜCHTE

ERBSENSUPPE MIT PAPRIKAKLÖSSCHEN

FÜR 2 PERSONEN
ZUBEREITUNG: 30 MIN.
KOCHEN: 1 STD.
PRO PORTION CA. 330 kcal
17 g EW, 19 g F, 18 g KH

FÜR DIE SUPPE:
1 Stange Lauch
1 Möhre
4 Zweige Thymian
2 TL Butter
80 g grüne oder gelbe Schälerbsen
3/4 l Gemüsebrühe

Salz, schwarzer Pfeffer
frisch geriebene Muskatnuss
1 EL Kürbiskernöl (nach Belieben)

FÜR DIE KLÖSSCHEN:
100 g Topfen (ersatzweise Quark oder Ricotta)
1 Eigelb (Größe M)

je 1/2 TL edelsüßes und rosenscharfes Paprikapulver
1 TL Meerrettich
2 EL frisch geriebener Emmentaler
2 EL Mehl
Salz, schwarzer Pfeffer

1 Den Lauch waschen und putzen, die Möhre schälen. Beide Gemüse fein würfeln. Den Thymian waschen und trocken schütteln, die Blättchen abzupfen.

2 Die Butter in einem Topf zerlassen und den Thymian und die Lauch- und Möhrenwürfel darin unter Rühren andünsten. Die Erbsen dazugeben, mit der Brühe aufgießen und zum Kochen bringen. Die Erbsen zugedeckt bei schwacher Hitze in ca. 1 Std. weich kochen.

3 Inzwischen für die Klößchen den Topfen mit dem Eigelb, beiden Paprikasorten, dem Meerrettich, dem Käse und dem Mehl verrühren. Salzen und pfeffern. Salzwasser zum Kochen bringen, von der Topfenmasse mit zwei Teelöffeln kleine Klößchen abstechen und ins Wasser geben. Bei schwacher Hitze in ca. 8 Min. darin gar ziehen lassen, bis sie an die Oberfläche steigen.

4 Die Erbsen in der Garflüssigkeit fein pürieren, die Suppe mit Salz, Pfeffer und Muskat abschmecken. Die Suppe in Teller verteilen, Topfenklößchen mit dem Schaumlöffel aus dem Wasser heben und daraufsetzen. Nach Belieben mit Kürbiskernöl beträufeln.

* VARIANTE Die Klößchen schmecken nicht nur in der Cremesuppe, sondern auch in klarer Brühe.

WEISSE BOHNEN MIT GEMÜSE

1 Die Bohnen in einer Schüssel mit Wasser bedecken und über Nacht quellen lassen. Am nächsten Tag abgießen und in einem Topf mit frischem Wasser bedecken. Die Kräuter waschen und mit der Chilischote dazugeben. Die Bohnen erhitzen und bei halb aufgelegtem Deckel in ca. 1 1/2 Std. weich kochen.

2 Kurz vor Ende der Garzeit die Zucchini waschen, putzen und längs vierteln, dann quer in ca. 1 cm dicke Scheiben schneiden. Die Pilze mit Küchenpapier sauber abreiben, die Enden abschneiden. Pilze in dicke Scheiben schneiden. Die Tomaten waschen oder häuten (s. S. 12) und würfeln. Zwiebel und Knoblauch schälen. Die Zwiebel vierteln und in Streifen schneiden, den Knoblauch hacken.

3 Den Backofen auf 200° vorheizen. In einer Pfanne 1 EL Öl erhitzen, die Zwiebel und den Knoblauch darin andünsten. Zucchini und Pilze hinzufügen und unter Rühren 2–3 Min. dünsten.

4 Die Bohnen abgießen und mit dem angedünsteten Gemüse und den Tomaten mischen, mit Salz und Pfeffer abschmecken und in eine ofenfeste Form füllen. Den Schafskäse fein zerkrümeln, die Oliven grob hacken. Die Peperoni, falls verwendet, in Ringe schneiden. Käse mit Oliven und eventuell Peperoni mischen und auf dem Gemüse verteilen. Mit dem übrigen Öl beträufeln und im Backofen (Mitte, Umluft 180°) ca. 25 Min. backen, bis es leicht braun ist.

★ DAS SCHMECKT DAZU frisches Weißbrot, z.B. Oliven-Ciabatta

★ TAUSCH-TIPP Bei der Wahl der Gemüse können Sie sich nach der Jahreszeit richten. Gut schmecken auch Kürbiswürfel, Lauch, Möhren und dicke Apfelschnitze.

FÜR 2 PERSONEN
ZUBEREITUNG: 30 MIN.
QUELLEN: 24 STD.
GAREN: 1 STD. 30 MIN.
BACKEN: 25 MIN.
PRO PORTION CA. 345 kcal
16 g EW, 24 g F, 15 g KH

100 g getrocknete weiße Bohnen (ersatzweise
   1 Dose gegarte weiße Bohnen, 240 g)
1 Lorbeerblatt
2 Zweige Salbei
4 Zweige Bohnenkraut (nach Belieben)
1 getrocknete Chilischote
200 g junge Zucchini
150 g Champignons
200 g Tomaten
1 große rote Zwiebel
2 Knoblauchzehen
2 EL Olivenöl
Salz, schwarzer Pfeffer
100 g Schafskäse (Feta)
50 g entsteinte grüne Oliven
1 eingelegte Peperoni (nach Belieben)

HÜLSENFRÜCHTE ★ 107

HONIGLINSEN

1 Die Möhren schälen, putzen und in ca. 1/2 cm große Würfel schneiden. Die Schalotten schälen und halbieren. Den Knoblauch schälen und fein hacken. Das Chilistück zerkrümeln.

2 In einem Topf 1 EL Öl erhitzen, die Möhren, die Schalotten, den Knoblauch und Chili darin unter Rühren bei mittlerer Hitze andünsten. Die Linsen in einem Sieb waschen und dazugeben. Mit der Brühe aufgießen und zugedeckt bei schwacher Hitze in 35–45 Min. weich garen, aber nicht zerfallen lassen.

3 Die Linsen mit dem Essig, dem Honig, Salz und Pfeffer abschmecken. Den Käse halbieren. Das Mehl in einen Teller geben und den Käse darin wenden.

4 Das übrige Öl mit der Butter erhitzen und die Käsescheiben darin bei starker Hitze pro Seite gut 1 Min. braten. Die Linsen auf Teller verteilen und jeweils mit 1 Käsescheibe belegen.

★ DAS SCHMECKT DAZU Fladenbrot oder Ciabatta

FÜR 2 PERSONEN
ZUBEREITUNG: 30 MIN.
GAREN: CA. 45 MIN.
PRO PORTION CA. 650 kcal
39 g EW, 30 g F, 55 g KH

200 g Möhren
4 Schalotten
2 Knoblauchzehen
1/2 getrocknete Chilischote
2 EL Olivenöl
200 g braune Linsen
1/4 l Gemüsebrühe

1–2 EL Apfelessig oder Balsamico bianco
2 TL Honig
Salz, schwarzer Pfeffer
150 g Schafskäse (Feta)
1 EL Weizenvollkornmehl
2 TL Butter

108 ★ HÜLSENFRÜCHTE

KICHERERBSEN-CURRY

1 Kichererbsen über Nacht in Wasser quellen lassen. Am nächsten Tag abgießen, in einem Topf mit frischem Wasser zum Kochen bringen und zugedeckt bei schwacher Hitze in ca. 1 1/2 Std. weich kochen.

2 Frühlingszwiebeln putzen und waschen. Die Zwiebeln abschneiden und halbieren, die hellgrünen Teile in Ringe schneiden. Den Knoblauch und den Ingwer schälen und fein hacken. Die Chilischote waschen und vom Stiel befreien, mit den Kernen fein hacken.

3 Öl in einem Topf erhitzen. Knoblauch, Ingwer, Chili und alle Gewürze einrühren und bei mittlerer Hitze anbraten. Zwiebeln zugeben, Brühe angießen. Kichererbsen abtropfen lassen und untermischen. Alles salzen. Zugedeckt bei schwacher Hitze ca. 10 Min. schmoren.

4 Tomaten waschen und vierteln, untermischen und nur heiß werden lassen. Das Curry abschmecken und, ggf. mit Koriander oder Minze bestreut, servieren.

* **DAS SCHMECKT DAZU** Basmatireis und Limettenjoghurt (die Schale von 1 Bio-Limette abreiben und mit 150 g Joghurt und Salz verrühren)

FÜR 2 PERSONEN
ZUBEREITUNG: 30 MIN.
QUELLEN: 24 STD.
GAREN: 1 STD. 30 MIN.
PRO PORTION CA. 310 kcal
11 g EW, 14 g F, 34 g KH

- 100 g getrocknete Kichererbsen
- 1 Bund Frühlingszwiebeln
- 2 Knoblauchzehen
- 1 Stück Ingwer (ca. 2 cm)
- 1 rote Chilischote
- 2 EL Öl
- je 1 TL gemahlener Kreuzkümmel und Kurkuma
- 2 TL gemahlener Koriander
- 1/4 TL Zimtpulver
- 200 ml Gemüsebrühe
- Salz
- 100 g Cocktailtomaten
- Koriander- oder Minzeblättchen zum Bestreuen (nach Belieben)

HÜLSENFRÜCHTE ★ 109

TOFU & TEMPEH

CRASHKURS TOFU & TEMPEH

Tofu gibt es pur, aber auch geräuchert sowie mit Gemüse, Pilzen, Kräutern oder Gewürzen verfeinert.

Tempeh wird aus gelben Sojabohnen hergestellt und bekommt seinen würzigen Geschmack durch Fermentieren.

Sojagranulat wird aus gerösteten Sojabohnen gewonnen und fein oder grob geschrotet angeboten.

Sojasauce ist die wichtigste Würze der asiatischen Küche und in vielen Geschmacksvarianten im Angebot.

Gelbe Sojabohnen werden nach dem Quellen püriert, gekocht und ausgepresst. Die Sojamilch, die dabei entsteht, lässt man wie bei der Käseherstellung durch das Zusetzen einer Säure ausflocken. Dieser geronnene Teil wird schließlich zu einem kompakten Block gepresst. Das ist **Tofu**, wie alle Sojaprodukte reich an hochwertigem Eiweiß, außerdem mit vielen Vitaminen und Mineralstoffen, mit kaum Fett und null Cholesterin. Da dieser gesunde Fleischersatz wenig Eigengeschmack hat, kann er kräftig gewürzt werden. Aromatischer ist Räuchertofu, der auch als Brotbelag schmeckt.

Außer dem festen Tofu ist auch **Seidentofu** im Handel. Er wird nach dem Gerinnen nicht gepresst. Man lässt die Masse nur abtropfen und schlägt sie dann kräftig durch. Seidentofu eignet sich für Cremes, Saucen und Suppen.

Tempeh hat neben hochwertigem Eiweiß vor allem viel Vitamin B_{12} zu bieten. Außerdem zeichnet er sich durch einen kräftigen Geschmack aus, da er nach dem Pressen mit einem Edelpilz geimpft und fermentiert wird. Tempeh ist so fest, dass er sich so richtig dünn schneiden lässt. Und er wird beim Braten wunderbar knusprig.

Sojagranulat schmeckt viel besser, als der Name vermuten lässt. Die Sojabohnen werden dafür vorher geröstet und bekommen so einen angenehm nussigen Geschmack. Nach dem Einweichen kann das Granulat gebraten, geschmort oder zu Bratlingen verarbeitet werden. Das feine eignet sich gut für Bratlinge oder Pastasaucen, das grobe Granulat kann wie Gulasch geschmort oder im Eintopf verarbeitet werden.

Aus Sojabohnen, Getreide (meist Weizen) und Wasser besteht die Würzsauce der Asiaten. **Sojasaucen** bekommen den kräftigen Geschmack durch Fermentation und sind mehr oder weniger salzig, deshalb anfangs immer vorsichtig damit würzen. In der Regel sind japanische Sojasaucen salziger als solche aus China, thailändische und indonesische hingegen schmecken leicht süßlich.

1. TOFU BRATEN (FÜR 2 PERSONEN)

1. 250 g Tofu in Würfel schneiden, 1 EL Sojasauce mit 1 TL geriebenem Ingwer und evtl. etwas Sambal oelek mischen, unter den Tofu rühren.

2. Den Tofu mindestens 30 Min. marinieren, dann in einer Pfanne 1 EL neutrales Öl erhitzen. Den Tofu abtropfen lassen und hineingeben.

3. Die Tofuwürfel bei starker Hitze 4–5 Min. braten. Und erst wenden, wenn sie eine Kruste haben, sonst werden sie nicht knusprig.

2. GEMÜSECREMESUPPE MIT SEIDENTOFU (FÜR 2 PERSONEN)

1. 250 g Brokkoli, Blumenkohl oder Mangold waschen, putzen, würfeln und mit 2 gehackten Knoblauchzehen in 1 EL Butter dünsten.

2. 1 TL Mehl zugeben und kurz anschwitzen. Mit 400 ml Gemüsebrühe aufgießen, zugedeckt ca. 15 Min. bei schwacher Hitze garen.

3. Die Suppe im Topf fein pürieren. 100 g Seidentofu mit dem Schneebesen unterschlagen. Mit Curry und Salz würzig abschmecken.

3. TOFU-BROTAUFSTRICH (FÜR 2 PERSONEN)

1. In einer kleinen Pfanne bei mittlerer Hitze unter Rühren 2 EL Pinienkerne goldgelb rösten. Auf einem Teller leicht abkühlen lassen.

2. 1/2 Bio-Zitrone heiß waschen und abtrocknen, die Schale fein abreiben. Die Blättchen von 6 Zweigen Basilikum mit 1 Knoblauch hacken.

3. 100 g Tofu würfeln, mit den vorbereiteten Zutaten und 1 EL Olivenöl fein pürieren, salzen und pfeffern. Passt zu Knäcke oder Toast.

TOFU & TEMPEH ★ 113

1. SOJABOLOGNESE (FÜR 2 PERSONEN)

1. 50 g feines Sojagranulat in eine Schüssel füllen und mit 175 ml kochender Gemüsebrühe übergießen, 15 Min. quellen lassen.

2. 1 kleines Bund Suppengrün waschen bzw. putzen. Das Gemüse und die Kräuter in sehr kleine Würfel schneiden bzw. hacken.

3. 1 Knoblauchzehe schälen und fein hacken. 1 Stück Bio-Zitronenschale und nach Belieben 1/4 rote Chilischote ebenfalls hacken.

2. SOJABRATLINGE (FÜR 2 PERSONEN)

1. 10 g getrocknete Steinpilze im Mörser mittelfein zerdrücken oder mit einem großen schweren Messer fein hacken.

2. Die Pilze mit 60 g feinem Sojagranulat in 200 ml Gemüsebrühe 5 Min. köcheln, dann 30 Min. nachquellen lassen.

3. 1 Schalotte und 1 Knoblauchzehe schälen und sehr fein würfeln. 1/4 Bund Petersilie waschen, trocken schütteln. Blättchen hacken.

3. SOJAGULASCH (FÜR 2 PERSONEN)

1. 400 ml Gemüsebrühe mit 100 ml Rotwein, Weißwein oder Bier aufkochen. Über 100 g grobes Sojagranulat gießen. 15 Min. quellen lassen.

2. 2 rote Zwiebeln schälen, vierteln und in Streifen schneiden. 2 Knoblauchzehen schälen und in dünne Scheiben schneiden oder hacken.

3. 1 rote Paprikaschote waschen und längs durchschneiden. Stiel ausbrechen, Trennhäutchen mit Kernen entfernen. Paprika würfeln.

4. Aus 200 g Tomaten den Stielansatz keilförmig herausschneiden. Die Tomaten mit kochendem Wasser begießen. Kurz ziehen lassen.

5. Tomaten abschrecken und die Haut abziehen. Klein würfeln. Suppengrün, Knoblauch, Zitronenschale und Chili in 1 EL Öl andünsten.

6. Die Tomaten und das Granulat mit der Brühe zugeben, salzen und offen bei schwacher Hitze 15 Min. köcheln. Mit Spaghetti essen.

www.küchengötter.de/vegivideos

4. Die Pilz-Soja-Mischung in ein feines Sieb geben, abtropfen lassen und mit einem Kochlöffel zusätzlich leicht ausdrücken.

5. Die Masse mit Schalotte, Knoblauch, Petersilie, 1 Ei (Größe M) und 2 EL Semmelbröseln mischen, mit Salz und Chili würzen.

6. In einer Pfanne 2 EL Olivenöl erhitzen. Mit einem Esslöffel flache Puffer hineinsetzen, bei mittlerer Hitze pro Seite 4–5 Min. braten.

4. Das Granulat abtropfen lassen, die Brühe auffangen. In einem Topf 1 EL Öl erhitzen, Zwiebeln, Knoblauch und Paprika darin andünsten.

5. Mit je 1 TL mildem und scharfem Paprikapulver bestäuben, Granulat untermischen und gut andünsten, salzen. Eventuell Kümmel zufügen.

6. Die Brühe und 1 TL Tomatenmark unterrühren. Gulasch zugedeckt bei schwacher Hitze ca. 15 Min. schmoren. Mit saurer Sahne servieren.

TOFU & TEMPEH * 115

MISOSUPPE MIT TOFU

FÜR 2 PERSONEN
ZUBEREITUNG: 20 MIN.
PRO PORTION CA. 160 kcal
9 g EW, 9 g F, 9 g KH

100 g Tofu
2 TL Sojasauce
1 TL Sesamöl
100 g Egerlinge (oder
　Champignons)
2 Frühlingszwiebeln

1 Stück Ingwer (2 cm lang)
1/2 EL Öl
3/8 l Gemüsefond
　oder -brühe
40 g Miso (am besten mittel-
　würzig und -dunkel)

1 Den Tofu abtropfen lassen und knapp 1 cm groß würfeln. Sojasauce und Sesamöl in einem Schälchen mischen, Tofuwürfel unterrühren. Egerlinge mit feuchtem Küchenpapier sauber abreiben, die Stielenden abschneiden. Die Pilze in dünne Scheiben schneiden. Frühlingszwiebeln putzen und waschen, weiße und hellgrüne Teile schräg in feine Ringe schneiden. Den Ingwer schälen und erst in dünne Scheiben, dann in feine Streifen teilen.

2 Das Öl in einem Topf erhitzen. Die Pilze darin bei mittlerer Hitze leicht anbraten. Gemüsefond oder -brühe angießen und heiß werden lassen. Hitze kleiner stellen und das Miso unter die Suppe rühren, aber nicht kochen lassen. Ingwerstreifen, Zwiebelringe und Tofuwürfel einlegen und heiß werden lassen.

PAPRIKA-RADICCHIO-SALAT MIT TOFU

FÜR 2 PERSONEN
ZUBEREITUNG: 20 MIN.
PRO PORTION CA. 320 kcal
14 g EW, 24 g F, 12 g KH

1 rote Paprikaschote
1 mittelgroßer Radicchio (ca. 180 g)
1/2 Bund Schnittlauch
1 EL Haselnusskerne
1/2 Bio-Zitrone
1 TL süßer Senf

2 TL Aceto balsamico
Salz
schwarzer Pfeffer
3 EL Olivenöl
250 g Tofu
Chilipulver (oder rosenscharfes Paprikapulver)

1 Die Paprikaschote waschen, vierteln und vom Stiel und den inneren Trennhäutchen mit den Kernen befreien. Die Viertel in feine Streifen schneiden. Die Radicchioblätter auseinanderlösen, waschen und trocken schütteln. Ebenfalls in Streifen schneiden. Den Schnittlauch waschen, trocken schütteln und in Röllchen schneiden.

2 Die Haselnusskerne in einer Pfanne unter Rühren bei mittlerer Hitze 1–2 Min. rösten. Leicht abkühlen lassen und mittelgrob hacken. Die Zitronenhälfte heiß waschen und abtrocknen, die Schale fein abreiben und den Saft auspressen. 1 EL Zitronensaft mit dem Senf, dem Balsamicoessig, Salz und Pfeffer verrühren. 2 EL Olivenöl unterschlagen, die Nüsse untermischen.

3 Den Tofu abtropfen lassen und in ca. 1 cm große Würfel schneiden. Übriges Öl in einer Pfanne erhitzen, den Tofu darin bei starker Hitze rundherum ca. 4 Min. knusprig braten. Mit Zitronenschale, Salz und 1 Prise Chili würzen.

4 Die Paprika- und Radicchiostreifen mit dem Schnittlauch und der Salatsauce mischen, Tofu daraufgeben.

* TAUSCH-TIPP Wer den leicht bitteren Radicchio nicht so gerne mag, ersetzt ihn durch Romanasalat.

TEMPEH MIT ANANAS

1 Tempeh in dünne Scheiben schneiden und diese halbieren. Das Ananasstück schälen und den harten Strunk in der Mitte sowie alle braunen Augen entfernen. Das Fruchtfleisch in knapp 1 cm große Würfel schneiden. Die Tomaten waschen und halbieren.

2 Den Ingwer und den Knoblauch schälen und zusammen mit der Zitronenschale fein hacken. Die Chilischote, falls verwendet, waschen und den Stiel abschneiden. Chili mitsamt den Kernen fein schneiden.

3 Das Öl im Wok oder einer Pfanne erhitzen. Tempeh darin von beiden Seiten bei starker Hitze in ca. 3 Min. knusprig braten, wieder herausnehmen.

4 Ingwer, Knoblauch, Zitronenschale und Chili mit den Ananasstücken unter Rühren ca. 1 Min. braten. Tomaten und Brühe dazugeben und erhitzen. Mit der Sojasauce und Salz abschmecken. Tempeh untermischen und heiß werden lassen. Gleich servieren.

* **DAS SCHMECKT DAZU** Reis oder schmale Reisnudeln, eventuell Korianderblättchen zum Bestreuen

FÜR 2 PERSONEN
ZUBEREITUNG: 25 MIN.
PRO PORTION CA. 380 kcal
20 g EW, 18 g F, 30 g KH

- 200 g Tempeh (Bioladen, Kühlregal)
- 1 Stück Ananas (ca. 250 g, ersatzweise Ananasstücke aus der Dose)
- 200 g Cocktailtomaten
- 1 Stück Ingwer (1 cm)
- 2 Knoblauchzehen
- 1 Stück Bio-Zitronenschale (2 cm)
- 1 kleine rote Chilischote (nach Belieben)
- 2 EL neutrales Öl
- 75 ml Gemüsebrühe (oder -fond)
- 2 EL Sojasauce, Salz

118 * TOFU & TEMPEH

KOKOSCURRY MIT TOFU

1 Pilze mit feuchtem Küchenpapier säubern, vom Stielende befreien und vierteln. Frühlingszwiebeln putzen und waschen, die weißen und hellgrünen Teile in feine Ringe schneiden. Ingwer schälen und erst in Scheiben, dann in Streifen schneiden. Knoblauch schälen, halbieren und in feine Scheiben teilen. Chilischote waschen, vom Stiel befreien, mitsamt Kernen fein hacken.

2 Die Zuckerschoten waschen, die Enden abschneiden, Fäden abziehen. Salzwasser zum Kochen bringen, die Zuckerschoten darin 2 Min. sprudelnd kochen lassen. In einem Sieb abschrecken, abtropfen lassen. Leicht schräg in ca. 2 cm breite Stücke schneiden. Den Tofu ca. 1 cm groß würfeln.

3 Das Öl erhitzen und die Pilze darin bei starker Hitze unter Rühren ca. 2 Min. braten. Zuckerschoten, Zwiebeln, Ingwer, Knoblauch und Chili kurz mitbraten. Mit der Kokosmilch aufgießen und aufkochen lassen. Mit dem Limettensaft und Salz abschmecken. Nach Belieben noch etwas Chilipulver oder Sambal oelek unterrühren. Tofu in der Sauce heiß werden lassen. Vor dem Servieren die Korianderblättchen aufstreuen.

FÜR 2 PERSONEN
ZUBEREITUNG: 30 MIN.
PRO PORTION CA. 400 kcal
14 g EW, 32 g F, 8 g KH

- 200 g Champignons oder Egerlinge
- 3 Frühlingszwiebeln
- 1 Stück frischer Ingwer (ca. 2 cm)
- 2 Knoblauchzehen
- 1 kleine rote Chilischote
- 150 g Zuckerschoten
- Salz
- 200 g Räuchertofu oder normaler Tofu
- 1 EL neutrales Öl
- 200 g Kokosmilch
- 1 EL Limettensaft (oder Zitronensaft)
- Chilipulver oder Sambal oelek (nach Belieben)
- 1 EL Korianderblättchen

TOFU & TEMPEH ★ 119

TOFU-SPROSSEN-BURGER

1 Die Frühlingszwiebel putzen und waschen, weißen und hellgrünen Teil möglichst fein hacken. Die Möhre schälen, putzen und fein raspeln. Knoblauch und Ingwer schälen und sehr fein würfeln. Die Sprossen in einem Sieb waschen und gründlich abtropfen lassen.

2 Den Tofu abtropfen lassen und mit einer Gabel fein zerdrücken. Mit dem Ei, dem Mehl und den Nüssen gut verkneten. Von den Sojasprossen ein paar auf die Seite legen, die übrigen hacken, mit Frühlingszwiebeln, Möhren, Knoblauch und Ingwer untermischen und alles mit Salz und 1 Prise Chilipulver abschmecken.

3 Aus der Tofumasse zwei Frikadellen formen. Das Öl in einer Pfanne erhitzen und die Frikadellen darin bei mittlerer Hitze 4–5 Min. braten. Umdrehen und noch einmal so lange braten.

4 Inzwischen die Chinakohlblätter waschen, trocken schütteln und in feine Streifen schneiden. Das Gurkenstück waschen oder schälen, in Scheiben und anschließend in feine Streifen schneiden. Die Tomate waschen und in dünne Scheiben teilen.

5 Die Brötchen aufschneiden und die unteren Hälften nach Belieben mit Salatmayonnaise bestreichen. Chinakohl darauf verteilen und mit jeweils 1 Bratling belegen. Gurken- und Tomatenscheiben daraufgelegen und die beiseitegelegten Sojasprossen darüberstreuen. Die oberen Hälften daraufklappen und den Burger gleich essen.

★ **TAUSCH-TIPP** Den Ingwer weglassen und die Sprossen durch 1 kleines Bund gehackte Rucola, den Chinakohl durch Romanasalat ersetzen. Die Tofumasse mit abgeriebener Bio-Zitronenschale würzen.

FÜR 2 PERSONEN
ZUBEREITUNG: 35 MIN.
PRO PORTION CA. 505 kcal
20 g EW, 29 g F, 39 g KH

1 Frühlingszwiebel
1 zarte Möhre
2 Knoblauchzehen
1 Stück Ingwer (ca. 2 cm)
100 g Sojasprossenkeimlinge
200 g Tofu
1 Ei (Größe M)
2 EL Dinkel(vollkorn)mehl
1 EL geriebene Haselnusskerne
  (oder Mandeln)
Salz, Chilipulver
2 EL neutrales Öl
2 Chinakohlblätter
1 Stück Salatgurke (ca. 50 g)
1 feste Tomate
2 runde, eher flache Brötchen
2 EL Salatmayonnaise (nach Belieben)

TOFU & TEMPEH ★ 121

TOFU MIT CHILI-ZWIEBELN

1 Tofu abtropfen lassen und längs in knapp 1 cm dicke Scheiben schneiden. Beide Seiten salzen. Den Backofen auf 70° einschalten und eine Platte hineinstellen.

2 Die Zwiebeln schälen, vierteln und in knapp 1 cm breite Streifen schneiden. Die Chilischote waschen und vom Stiel befreien. Mitsamt den Kernen in feine Ringe schneiden. Den Thymian waschen und trocken schütteln, die Blättchen von den Stielen streifen.

3 In einer großen Pfanne gut 2 EL Öl erhitzen. Die Tofuscheiben darin bei mittlerer Hitze 2 1/2 Min. braten, dann wenden und noch einmal so lange braten. Die Tofuscheiben im Ofen auf der Platte warm halten.

4 Übriges Öl in die Pfanne geben. Zwiebeln, Chili und Thymian einrühren, bei schwacher Hitze in ca. 10 Min. weich und leicht braun dünsten. Dabei ab und zu umrühren. Zwiebeln mit Balsamicoessig, Honig und Salz würzen und auf dem Tofu verteilen. Heiß servieren.

* **DAS SCHMECKT DAZU** schmale Bandnudeln mit Butter, Buchweizennudeln mit etwas Sesamöl, Bratkartoffeln oder Brot

FÜR 2 PERSONEN
ZUBEREITUNG: 25 MIN.
PRO PORTION CA. 310 kcal
15 g EW, 23 g F, 13 g KH

- 300 g Tofu
- Salz
- 300 g rote Zwiebeln
- 1 rote Chilischote
- 1/4 Bund Thymian
- 3 EL Olivenöl
- 1/2 EL Aceto balsamico
- 1/2 TL Honig

ZITRONEN-SENF-TOFU MIT GURKENGEMÜSE

FÜR 2 PERSONEN
ZUBEREITUNG: 30 MIN.
PRO PORTION CA. 280 kcal
16 g EW, 19 g F, 11 g KH

300 g Tofu
1 Bio-Zitrone
1 EL scharfer Senf
2 TL süßer Senf, Salz

2 kleine Gurken (ca. 250 g)
2 Frühlingszwiebeln
4 Cocktailtomaten
1 Bund Rucola

2 EL Olivenöl
50 ml Cidre (oder Gemüsebrühe)
schwarzer Pfeffer, Zucker

1 Den Tofu der Länge nach in vier ca. 1 cm dicke Scheiben schneiden. Zitrone heiß waschen und abtrocknen, die Schale abreiben und den Saft aufpressen. Die Schale mit beiden Senfsorten mischen. Die Tofuscheiben auf beiden Seiten salzen und mit dem Zitronensenf einstreichen.

2 Für das Gemüse die Gurken schälen und die Enden abschneiden. Die Gurken längs halbieren und quer in knapp 1 cm dicke Scheiben schneiden. Die Frühlingszwiebeln putzen und waschen, weiße und hellgrüne Teile in feine Ringe schneiden. Die Tomaten waschen und vierteln. Die Rucola von allen welken Blättern und den dicken Stielen befreien, waschen und trocken schütteln, grob hacken.

3 In einem Topf 1 EL Öl erhitzen, die Gurken darin mit den Frühlingszwiebeln andünsten. Mit dem Cidre ablöschen, mit Salz, Pfeffer und 1 Prise Zucker abschmecken und zugedeckt bei schwacher Hitze ca. 5 Min. dünsten.

4 Inzwischen das übrige Öl in einer Pfanne erhitzen. Die Tofuscheiben einlegen und bei mittlerer Hitze pro Seite ca. 3 Min. braten. Tomaten und Rucola unter die Gurken mischen und nur erwärmen bzw. zusammenfallen lassen. Mit dem Zitronensaft und eventuell etwas Salz und Pfeffer abschmecken und zum Tofu servieren.

FÜR 2 PERSONEN
ZUBEREITUNG: 30 MIN.
PRO PORTION CA. 580 kcal
23 g EW, 25 g F, 66 g KH

200 g Tofu
1 Stück Ingwer (ca. 2 cm)
1 Knoblauchzehe
2 EL helle Sojasauce
1 kleine rote Paprikaschote
1 Frühlingszwiebel
3 EL neutrales Öl

400 g gegarter Reis vom Vortag (ca. 135 g ungegart)
100 g TK-Erbsen
Salz, schwarzer Pfeffer
1 Ei (Größe M)
1 EL süße Chilisauce (Asienregal)

GEBRATENER REIS MIT TOFU

1 Den Tofu in ca. 1 cm große Würfel schneiden. Ingwer und Knoblauch schälen und durch die Knoblauchpresse in eine Schüssel drücken. Mit 1 EL Sojasauce verrühren und den Tofu untermischen.

2 Die Paprikaschote waschen und vierteln, den Stiel und die inneren Trennhäutchen mit den Kernen entfernen. Paprika in feine Streifen schneiden. Die Frühlingszwiebel putzen und waschen, den weißen und hellgrünen Teil schräg in feine Ringe schneiden.

3 In einer Pfanne 2 EL Öl erhitzen. Den Reis darin verteilen und ohne umzurühren bei starker Hitze 2–3 Min. braten, bis er knusprig wird. Dann wenden und noch einmal so lange braten. Den Reis aus der Pfanne nehmen.

4 Das übrige Öl in der Pfanne erhitzen und den Tofu darin in ca. 2 Min. rundherum knusprig braten. Die Hitze auf mittlere Stufe zurückschalten. Paprika, Zwiebelringe und Erbsen zum Tofu geben und das Ganze weitere 2 Min. braten, bis das Gemüse bissfest ist. Den Reis wieder untermischen, alles mit Salz und Pfeffer würzen.

5 Das Ei mit der Chilisauce und der restlichen Sojasauce verrühren und unter den Reis mischen. Nur ganz kurz weiterrühren, dann das Gericht servieren.

★ DAS SCHMECKT DAZU Gurkensalat und eventuell etwas Sesamöl zum Beträufeln

FÜR 2 PERSONEN
ZUBEREITUNG: 30 MIN.
PRO PORTION CA. 355 kcal
14 g EW, 28 g F, 10 g KH

1 kleines Bund Schnittlauch
1/2 Bio-Zitrone
2 TL Pistazienkerne
   (nach Belieben)
200 g Tofu
1 Eiweiß (Größe M)
1 EL Semmelbrösel

Salz, schwarzer Pfeffer
1/2 l Gemüsebrühe
1 Schalotte
2 TL Butter
1 TL Currypulver
100 g Sahne (ersatzweise
   Kokosmilch oder Sojadrink)

TOFUKLÖSSCHEN IN CURRYSAHNE

1 Den Schnittlauch waschen und trocken schütteln, in feine Röllchen schneiden. Die Zitronenhälfte heiß waschen und abtrocknen, die Schale fein abreiben und den Saft auspressen. Nach Wunsch die Pistazienkerne fein hacken.

2 Den Tofu abtropfen lassen und mit einer Gabel fein zerdrücken. Mit Schnittlauch, Zitronenschale, Pistazien, Eiweiß und Semmelbröseln in eine Schüssel geben, salzen, pfeffern und mit den Händen gut durchkneten. Zu etwa walnussgroßen Bällchen formen. Die Gemüsebrühe in einem Topf zum Kochen bringen. Hitze auf schwache Stufe zurückschalten, die Tofuklößchen einlegen und in ca. 10 Min. gar ziehen lassen.

3 Inzwischen die Schalotte schälen und fein würfeln. Die Butter zerlassen und die Schalotte darin andünsten. Currypulver darüberstäuben und kurz anschwitzen. Dann mit der Sahne und ca. 100 ml Gemüsebrühe (von den Klößchen) ablöschen und die Sauce bei starker Hitze in ca. 5 Min. leicht cremig einkochen lassen. Mit Salz, Pfeffer und etwas Zitronensaft abschmecken.

4 Die Tofuklößchen aus der Brühe heben und in die Currysauce geben. Gleich servieren.

* **DAS SCHMECKT DAZU** Reis oder Buchweizennudeln

* **TAUSCH-TIPP** Das Currypulver weglassen und stattdessen die Sauce nach dem Einkochen mit 1–2 TL scharfem Senf verfeinern.

TOFU & TEMPEH ★ 125

MILCH-PRODUKTE & EIER

CRASHKURS MILCHPRODUKTE & EIER

Sahne – mal süß, mal sauer, mal mit mehr, mal mit weniger Fett – verfeinert eine Vielzahl von Saucen und Dips.

Quark & Co. sind in unterschiedlichen Fettstufen zu haben. Topfen, Frischkäse und Ricotta gehören auch dazu.

Hartkäse hat den geringsten Flüssigkeitsgehalt aller Käsegruppen und ist so fest, dass er sich gut reiben lässt.

Weil Käse frisch gerieben besser schmeckt, braucht es eine **Käsereibe,** die sich leicht bedienen und reinigen lässt.

LEICHT VERDAULICH, BIOLOGISCH WERTVOLL

Milch und die Produkte daraus haben in der vegetarischen Ernährung eine große Bedeutung. Das Milcheiweiß ist sehr hochwertig und das Milchfett leicht verdaulich, außerdem enthält Milch die Vitamine A, D, E und K sowie Vitamine der B-Gruppe und nicht zuletzt eine ganze Menge Mineralstoffe, z. B. das für die Knochen so wichtige Kalzium.

MILCHPRODUKTE

Sahne rahmt bei naturbelassener Milch, wenn man diese eine Weile stehen lässt, ganz von selbst an der Oberfläche auf, industriell wird sie durch Zentrifugieren gewonnen. Normale Sahne hat mindestens 28 % Fett, die dicke süße Crème double ca. 40 %. **Saure Sahne** hat einen Fettgehalt von meist 10 % (bis zu 18 %). Der feste Schmant bringt es auf einen Fettgehalt von 24 %. Auch Crème fraîche ist gesäuert, jedoch nur mild. Sie enthält ca. 40 % Fett und flockt deshalb auch beim Erhitzen, etwa in Saucen, nicht aus.

Normaler Natur-**Joghurt** hat um die 3,5 % Fett – wie die Milch, aus der man ihn herstellt. Er wird durch spezielle Bakterien »dickgelegt« und gesäuert.

Quark, Frischkäse und anderer **Käse** wird nach folgendem Prinzip hergestellt: Man versetzt Milch mit Milchsäurebakterien und/oder Lab, woraufhin das Eiweiß ausflockt. Das macht die Masse dicklich. Wenn man nun etwas Flüssigkeit ablaufen lässt, kann man die Masse gleich als Quark oder Frischkäse verpacken. Lässt man mehr Flüssigkeit ablaufen, erhält man schnittfesten Weichkäse. Für alle anderen Käse wird die Masse gepresst und unterschiedlich lange gereift.

ERSATZ FÜR VEGANER

Alle, die sich ganz ohne tierische Produkte ernähren wollen, verzichten natürlich auch auf Milch(produkte). Sie können die Milch beispielsweise durch Sojadrink ersetzen. Ebenfalls im Handel: Milch und Sahne aus Getreide, etwa aus Reis oder Hafer. Alle diese Produkte schmecken leicht süßlich.

Schnittkäse sind weicher als Hartkäse und schmelzen in der Regel sehr gut. Es gibt sie von mild bis würzig pikant.

Die bekanntesten **Weichkäse** sind Brie und Camembert, aber auch Blauschimmelkäse und Mozzarella.

Edelpilzkäse wird mit speziellen Pilzkulturen geimpft. Das macht ihn zu einem sehr würzigen Genießerkäse.

Ob die **Eier** braun oder weiß sind, sagt nichts über den Geschmack aus, sondern hängt von der Hühnerrasse ab.

DAS STECKT IM EI

Eier sind besonders hochwertige Eiweißlieferanten, denn der Körper kann ihre Inhaltsstoffe zu 95 % verwerten. Eier spielen daher in der vegetarischen Ernährung eine wichtige Rolle: Mit 1 Ei deckt ein Erwachsener ca. 15 % des täglichen Eiweißbedarfs. Das Eigelb enthält außerdem eine ganze Menge Vitamine (A, D und E) und Mineralstoffe, z. B. Eisen.

DAS STEHT DRAUF

Alle Eier, die in den Handel kommen, werden mit einem Stempel versehen. Er liefert dem Verbraucher einige Informationen: Die Ziffer am Anfang des Stempels sagt etwas über die Haltungsform der Hühner aus. 0 steht für Ökoeier, 1 für Freilandhaltung, 2 für Bodenhaltung, und ein Ei mit der 3 kommt von Hühnern aus Käfighaltung. Dahinter findet sich das Kürzel für das Land, in dem das Ei gelegt wurde, also etwa DE für Deutschland, und danach folgt die Nummer des Betriebes, aus dem die Eier stammen. Auf der Verpackung steht das Legedatum (neben Eiern, die man beispielsweise im Bioladen lose kauft, hängt meist ein Zettel mit diesem Datum). Außerdem gibt es dort Informationen zur Größe der Eier: die Buchstaben S (small), M (medium), L (large) oder XL (extra large). Die meisten Eier im Handel gehören zur Gewichtsklasse M und wiegen damit zwischen 53 und 63 g.

UNBEDINGT FRISCH

Ein Ei sollte nicht älter als 28 Tage sein (also aufs Legedatum achten). Will man es roh verwenden, z. B. für eine Mayonnaise, muss es sogar ganz frisch sein. Machen Sie zur Probe den Test: Das Ei in ein Glas mit Wasser legen. Ist es frisch, liegt es flach am Boden, bei älteren Eiern vergrößert sich die Luftblase im Inneren, das Ei richtet sich an dieser Seite auf. Lagern Sie Eier am besten im Eierfach oder lassen Sie sie in der Eierschachtel. Durch die dünne Schale können nämlich neben Bakterien vor allem auch starke Gerüche ins Eiinnere gelangen, was ihren Geschmack beeinträchtigt.

1. KÄSE ZERKLEINERN

1. Hartkäse immer von der Rinde befreien. Dann in Stücke schneiden und mit der Käsereibe reiben oder mit der Raspel zerkleinern.

2. Mittelfeste Käse lassen sich nicht so leicht reiben ohne zu kleben. Diese besser hobeln oder in ganz kleine Würfel schneiden.

3. Weiche Käse wie Edelpilzkäse lassen sich gut in Würfel schneiden, wenn man die Messerklinge zwischendurch in Wasser taucht.

2. KÄSE BACKEN UND GRILLEN

1. Kleine Ziegen(frisch)käse oder gut 1 cm dicke Käsescheiben, z. B. von Pecorino, leicht ölen. Bei 250° (Umluft 220°) in 4–5 Min. backen.

2. Oder den Käse – in dem Fall geht auch Feta – auf Alufolie legen, mit halbierten Cocktailtomaten belegen und mit Olivenöl beträufeln.

3. Den Käse pfeffern, eventuell ein paar Kräuterblättchen aufstreuen. Die Folie verschließen und den Käse darin ca. 10 Min. grillen.

3. KÄSEOMELETT

1. Pro Portion 3 Eier mit dem Schneebesen verquirlen. 1 EL geriebenen Hartkäse (z. B. Greyerzer), Salz und Pfeffer untermischen.

2. In einer Pfanne (20 cm Ø) 1 EL Butter schmelzen. Eiermasse darin bei geringer Hitze 1 Min. durchrühren, bis sie anfängt zu stocken.

3. 1 EL geriebenen Käse aufstreuen, das Omelett in ca. 5 Min. stocken lassen. Es soll an der Oberfläche saftig bleiben. Zusammenklappen.

www.küchengötter.de/vegivideos

4. KÄSESAUCE (FÜR 2 PERSONEN)

1. 100 g Käse vorbereiten: Hartkäse wie Pecorino von der Rinde befreien und fein reiben. Oder Edelpilzkäse in Würfel schneiden.

2. In einem Topf 75 ml Gemüsebrühe und 70 g Sahne erhitzen. Den Käse einrühren und bei mittlerer Hitze schmelzen lassen.

3. Die Sauce salzen und pfeffern. Sie schmeckt zu Nudeln und Gemüse. Variante: Kräuter oder Frühlingszwiebelringe mit untermischen.

5. SAHNE-CIDRE-SAUCE (FÜR 2 PERSONEN)

1. 1 Schalotte und 1 Knoblauchzehe schälen und fein würfeln. Mit den Blättchen von 2 Zweigen Thymian in 2 TL Butter andünsten.

2. Je 100 ml trockenen Cidre und Gemüsebrühe mit 75 g Sahne dazugeben und bei starker Hitze unter Rühren auf die Hälfte einkochen.

3. 30 g eiskalte Butter in kleine Würfel schneiden und nach und nach mit dem Schneebesen unterschlagen. Zu gedünstetem Gemüse.

6. JOGHURTSAUCE (FÜR 2 PERSONEN)

1. Für eine kalte Sauce 250 g Joghurt mit 2 gepressten Knoblauchzehen, 2 TL gehackter Minze und 1 TL Olivenöl gut verrühren, salzen.

2. Für eine warme Sauce den Knoblauch im Öl andünsten. Mit Paprikapulver bestäuben. Den Joghurt mit 1 geh. TL Speisestärke verquirlen.

3. Joghurt dazugeben und bei schwacher Hitze unter Rühren erwärmen. Würzen. Beide Saucen passen zu Gemüse und Getreide.

MILCHPRODUKTE & EIER * 131

RÜHREI MIT INGWER UND ZWIEBELGRÜN

FÜR 2 PERSONEN
ZUBEREITUNG: 10 MIN.
PRO PORTION CA. 205 kcal
15 g EW, 15 g F, 2 g KH

1 Stück frischer Ingwer
(ca. 2 cm)
3 Frühlingszwiebeln
(nur das Grün)

4 Eier (Größe M)
1/2 EL Butter
Salz

1 Den Ingwer schälen und in feine Streifen schneiden. Das Grün von den Frühlingszwiebeln abschneiden und welke Stellen entfernen. Grün waschen, trocken schütteln und schräg in Ringe schneiden, ca. 1 TL davon zum Bestreuen beiseitelegen. Die Eier aufschlagen und mit einer Gabel locker durchrühren, bis sich Eiweiß und Eigelb einigermaßen verbunden haben.

2 Die Butter in einer Pfanne bei mittlerer Hitze schmelzen. Ingwer und Zwiebelgrün unterrühren und ca. 1 Min. andünsten. Jetzt die Eier darauflaufen lassen, weiterrühren und braten, bis das Ei an allen Stellen gestockt, aber noch feucht ist. Das Ingwer-Zwiebel-Rührei salzen und kurz ziehen lassen. Vor dem Servieren das übrige Zwiebelgrün aufstreuen.

* SERVIER-TIPP Schmeckt auf Butterbrot serviert besonders fein.

SPIEGELEI MIT GRÜNEM SPARGEL

FÜR 2 PERSONEN
ZUBEREITUNG: 15 MIN.
BACKEN: 10 MIN.
PRO PORTION CA. 180 kcal
9 g EW, 15 g F, 3 g KH

150 g grüner Spargel
2 Frühlingszwiebeln
1 Knoblauchzehe (nach Belieben)
1 EL Butter

1/2 EL Öl
4 EL trockener Weißwein
1 EL Sahne
Salz, schwarzer Pfeffer
2 Eier (Größe M)

1 Den Spargel waschen, die holzigen Enden abschneiden. Den Spargel leicht schräg in Scheiben schneiden. Frühlingszwiebeln putzen und waschen, die weißen und hellgrünen Teile in Ringe schneiden. Den Knoblauch, falls verwendet, schälen und in feine Scheiben schneiden.

2 Den Ofen auf 180° (Umluft 160°) vorheizen. Zwei ofenfeste Förmchen oder Teller bereitstellen.

3 In einer Pfanne 1/2 EL Butter mit dem Öl erhitzen. Den Spargel darin bei mittlerer Hitze unter Rühren ca. 5 Min. braten, bis er bissfest wird. Zwiebelringe und eventuell den Knoblauch kurz mitbraten. Wein und Sahne angießen und einmal aufkochen. Den Spargel mit Salz und Pfeffer abschmecken und auf die Förmchen oder Teller verteilen.

4 Auf jede Spargelportion 1 Ei aufschlagen. Restliche Butter in sehr kleine Flöckchen schneiden und auf Ei und Spargel verteilen. Im Ofen (Mitte) ca. 10 Min. backen, bis das Eiweiß weiß und das Eigelb noch saftig aussehen.

* **VARIANTE** Statt Spargel halbierte Cocktailtomaten kurz in Öl andünsten, mit Knoblauch und Chili würzen und in die Förmchen geben.

FÜR 2 PERSONEN
ZUBEREITUNG: 20 MIN.
PRO PORTION CA. 410 kcal
22 g EW, 30 g F, 14 g KH

150 g Hartkäse
(z. B. Bergkäse oder
Emmentaler)
1/2 Bund gemischte Kräuter
(z. B. für grüne Sauce)
1/2 EL Kapern
1 Stück Salatgurke
(ca. 100 g)

1 säuerlicher Apfel
1 EL Zitronensaft
4 EL saure Sahne
1 TL scharfer Senf
2 TL Olivenöl
Salz
schwarzer Pfeffer

KÄSESALAT MIT KRÄUTERN

1 Den Käse von der Rinde befreien und in kleine Würfel oder feine Streifen schneiden. Die Kräuter waschen und trocken schütteln. Die Blätter von den Stielen zupfen und sehr fein hacken, Kapern abtropfen lassen und grob hacken. Die Gurke schälen beziehungsweise waschen und in kleine Würfel schneiden. Den Apfel vierteln, schälen und vom Kerngehäuse befreien. Die Viertel in dünne Scheiben schneiden und mit 1 TL Zitronensaft mischen.

2 Die saure Sahne mit dem übrigen Zitronensaft, dem Senf und dem Olivenöl verrühren und mit Salz und Pfeffer abschmecken. Kräuter, Kapern, Gurkenwürfel und Apfel mit dem Käse gründlich untermischen und den Salat nochmals abschmecken.

* **SERVIER-TIPP** Mit Brot, z. B. (Vollkorn-)Baguette oder Laugensemmeln, ist der Salat ein kleines sommerliches Essen oder ein feiner Imbiss. Wer sich satt essen will, kocht Pellkartoffeln dazu.

* **VARIANTE** Für einen Mozzarellasalat 1 Kugel Büffelmozzarella (ca. 200 g) würfeln. 150 g blaue Trauben waschen und die Beeren abzupfen. Halbieren und nach Belieben die Kerne entfernen. 2 Frühlingszwiebeln putzen und waschen, die weißen und hellgrünen Teile fein schneiden. 1 EL Zitronensaft mit Salz, 1 Prise Chilipulver und 2 EL Olivenöl cremig rühren. Mozzarella, Trauben und Frühlingszwiebeln damit mischen, abschmecken und auf Rucolablättern anrichten. Mit Ciabatta essen.

134 * MILCHPRODUKTE & EIER

FÜR 2 PERSONEN
ZUBEREITUNG: 30 MIN.
QUELLEN: 2 STD.
PRO PORTION CA. 360 kcal
15 g EW, 20 g F, 28 g KH

5 getrocknete Feigen (ca. 60 g)
1/2 kleine getrocknete Chilischote
1 kleiner Zweig Rosmarin
1/2 Bio-Zitrone
75 ml trockener Cidre (oder naturtrüber Apfelsaft)

1/2 TL Honig
2 TL Aceto balsamico
4 TL Olivenöl
Salz
1 Radicchio (ca. 200 g)
1 Kugel (Büffel-)Mozzarella (125 g)

MOZZARELLA MIT FEIGEN UND RADICCHIO

1 Feigen in kleine Würfel schneiden, dabei die Stiele abschneiden. Das Chilistück fein zerkrümeln. Rosmarin waschen und trocken schütteln. Nadeln abzupfen und grob hacken. Die Zitronenhälfte heiß waschen und abtrocknen, die Schale fein abreiben.

2 Den Cidre mit dem Honig, Chili und Rosmarin einmal aufkochen. Über die Feigen gießen, die Zitronenschale untermischen und die Feigen ca. 2 Std. quellen lassen.

3 Dann den Balsamicoessig und 3 TL Olivenöl untermischen und alles mit Salz abschmecken. Den Radicchio von welken Blättern befreien, vierteln und den weißen Strunk herausschneiden. Radicchio in feine Streifen schneiden. Den Mozzarella abtropfen lassen und in Scheiben schneiden.

4 1 TL Olivenöl in einer Pfanne erhitzen. Radicchiostreifen darin bei mittlerer Hitze unter Rühren in 3–4 Min. bissfest braten. Mit Salz würzen, auf zwei Teller verteilen. Mozzarellascheiben darauf anrichten, die Feigen mit Sauce darüberlöffeln. Gleich servieren.

* SERVIER-TIPP Den gebratenen Radicchio, und nach Belieben auch einige rohe Blätter, mit Mozzarella und Feigen auf aufgeschnittenem Baguette anrichten.

* TAUSCH-TIPP Wer den leicht bitteren Radicchio nicht mag, nimmt stattdessen Streifen von Romanasalat. Veganer ersetzen den Käse durch Räuchertofu und den Honig durch Ahornsirup.

MILCHPRODUKTE & EIER * 135

ZIEGENKÄSERÖLLCHEN MIT SALSA

1 Den Backofen auf 250° (Umluft 220°) vorheizen. Ein Backblech mit Backpapier auslegen.

2 Die Teigblätter vorsichtig auseinanderlösen und jeweils halbieren. Für die Füllung die Petersilie waschen und trocken schütteln. Blättchen abzupfen und mit der Zitronenschale sehr fein schneiden. Mit Ziegenfrischkäse und Eigelb gründlich verrühren und mit Pfeffer und wenig Salz (der Käse ist schon salzig) abschmecken.

3 Die Füllung auf die unteren Drittel der Teigblätter geben und als längliche Portion verteilen. Die Teigränder mit kaltem Wasser einpinseln, den Teig zu Röllchen aufrollen und nebeneinander auf das Backblech legen. Die Butter zerlassen und die Teigröllchen damit einstreichen. Im Ofen (Mitte) ca. 8 Min. backen, bis sie schön braun sind. Dabei nach der Hälfte der Zeit umdrehen.

4 Inzwischen die Tomaten waschen und grob würfeln. Knoblauch schälen und grob hacken. Beides mit den Pfefferkörnern und dem Öl fein pürieren, mit Salz abschmecken.

5 Die Salsa auf zwei Schälchen verteilen. Die heißen Röllchen auf einer Platte anrichten. Die Röllchen werden mit den Fingern gegessen und vor dem Abbeißen in die Salsa gedippt.

★ SERVIER-TIPP Die Röllchen sind ein delikater Imbiss oder eine feine Vorspeise. Zum Sattessen die Mengen fast verdoppeln. Wenn vom Tomatendip etwas übrig bleibt: Er schmeckt sehr gut auf gerösteten Brotscheiben.

FÜR 2 PERSONEN
ZUBEREITUNG: 35 MIN.
BACKEN: 8 MIN.
PRO PORTION CA. 670 kcal
25 g EW, 39 g F, 52 g KH

6 Blätter TK-Frühlingsrollenteig
   (Asienladen, ersatzweise Strudelteig
   aus dem Kühlregal, ca. 120 g)
1/2 Bund Petersilie
1 Stück Bio-Zitronenschale (ca. 2 cm)
200 g Ziegenfrischkäse
1 Eigelb (Größe M)
Pfeffer, Salz
1 EL Butter
200 g Tomaten
1 Knoblauchzehe
1 TL grüne Pfefferkörner
   (frisch oder aus dem Glas)
1 EL Olivenöl

QUARKMOUSSE MIT RADIESCHEN-SALAT

1 Die Gelatine 10 Min. in kaltem Wasser einweichen. Inzwischen die Sahne steif schlagen. Quark mit beiden Senfsorten, Zitronensaft und 1 Prise Zucker gründlich verrühren, mit Salz und Pfeffer abschmecken.

2 Gelatine tropfnass in einem Topf bei schwacher Hitze unter Rühren auflösen. Mit 1 EL Quarkmasse verrühren, dann sorgfältig unter den Rest mengen. Die Sahne unterheben und die Masse in eine Schüssel füllen. In mindestens 2 Std. im Kühlschrank fest werden lassen.

3 Für den Salat Zitronensaft, Salz, Pfeffer und Honig gut verrühren. Das Öl nach und nach unterschlagen. Die Radieschen waschen, putzen und dünn hobeln. Den Schnittlauch waschen, trocken schütteln und in feine Röllchen schneiden. Radieschen und Schnittlauch mit der Sauce mischen, den Salat abschmecken.

4 Von der Mousse Nocken abstechen und auf Teller setzen. Radieschensalat daneben verteilen.

✳ DAS SCHMECKT DAZU frisches Baguette oder Toast

FÜR 2 PERSONEN
ZUBEREITUNG: 30 MIN.
KÜHLEN: 2 STD.
PRO PORTION CA. 300 kcal
11 g EW, 25 g F, 9 g KH

FÜR DIE MOUSSE:
1 1/2 Blatt helle Gelatine
75 g Sahne
125 g Quark
2 TL süßer Senf
1 TL scharfer Senf
  (z. B. Dijon-Senf)
1 TL Zitronensaft
Zucker
Salz, schwarzer Pfeffer
FÜR DEN SALAT:
2 TL Zitronensaft
Salz
Pfeffer
1 Msp. Honig
1 EL Raps- oder Sonnenblumenöl
1 kleines Bund Radieschen
1/2 Bund Schnittlauch

138 ✳ MILCHPRODUKTE & EIER

BROKKOLIFLAN MIT MEERRETTICHSAUCE

FÜR 2 PERSONEN
ZUBEREITUNG: 30 MIN.
BACKEN: 1 STD.
PRO PORTION CA. 460 kcal
15 g EW, 41 g F, 8 g KH

FÜR DEN FLAN:
500 g Brokkoli, Salz
1 Bio-Orange (oder -Zitrone; es wird nur eine Hälfte benötigt)
100 g Sahne
4 Eigelbe (Größe M)
1/4 TL gemahlener Koriander
schwarzer Pfeffer
Butter für die Förmchen
FÜR DIE SAUCE:
1/2 Bund Schnittlauch
1 Stück frischer Meerrettich (ca. 2 cm, ersatzweise 2 TL geriebener Meerrettich aus dem Glas)
100 g saure Sahne
1 TL Öl, Salz

1 Den Brokkoli waschen und die Röschen abschneiden. Die Stiele schälen und würfeln. Brokkoli in einem Topf etwa zur Hälfte mit Wasser begießen, salzen und erhitzen. Zugedeckt bei schwacher Hitze in 10–15 Min. gut weich kochen. Dann abgießen und abkühlen lassen.

2 Den Backofen auf 150° vorheizen. Den Brokkoli in der Küchenmaschine oder mit dem Mixstab fein pürieren. Die Orange heiß waschen und abtrocknen, die Hälfte der Schale fein abreiben. Sahne, Orangenschale und Eigelbe mit dem Brokkolipüree mischen und mit Koriander, Salz und Pfeffer abschmecken.

3 Zwei ofenfeste Förmchen von je ca. 150 ml Inhalt mit Butter ausstreichen. Die Flanmasse darin verteilen. Die Förmchen in eine ofenfeste Form stellen und etwa bis zur Hälfte ihrer Höhe heißes Wasser angießen. Die Flans im Ofen (unten, Umluft 130°) ca. 1 Std. backen.

4 Inzwischen den Schnittlauch waschen, trocken schütteln, in feine Röllchen schneiden. Meerrettich schälen, fein reiben. Beides mit saurer Sahne und Öl verrühren und salzen. Die Flans mit einem Messer vom Förmchenrand lösen, auf Teller stürzen. Mit der Sauce servieren.

* DAS SCHMECKT DAZU Salzkartoffeln oder Brezeln

RICOTTA-SPINAT-NOCKERL

1 Den Spinat sehr gründlich ausdrücken. Den Ricotta mit dem Ei, dem Parmesan und dem Mehl verrühren. Den Spinat untermischen und die Masse mit Salz, Pfeffer und Muskat abschmecken.

2 Für die Sauce die Tomaten waschen und die Stielansätze herausschneiden. Tomaten sehr fein hacken; das geht gut im Blitzhacker. Basilikum waschen und die Blättchen fein schneiden. Knoblauch schälen und zu den Tomaten pressen. Basilikum und Öl dazugeben, die Sauce mit Salz und Pfeffer abschmecken.

3 Für die Nockerl in einem Topf reichlich Salzwasser zum Kochen bringen. Aus der Ricottamasse mit zwei Esslöffeln Nocken abstechen und ins Wasser gleiten lassen. In ca. 10 Min. bei schwacher Hitze darin gar ziehen lassen, bis sie an die Oberfläche hochsteigen. Die Tomatensauce nur erwärmen.

4 Die Nockerl mit einem Schaumlöffel aus dem Wasser heben und in vorgewärmte tiefe Teller geben. Mit der Tomatensauce garnieren und gleich servieren.

* DAS SCHMECKT DAZU frisch geriebener Parmesan

FÜR 2 PERSONEN
ZUBEREITUNG: 30 MIN.
PRO PORTION CA. 520 kcal
32 g EW, 32 g F, 26 g KH

- 100 g gehackter TK-Spinat (aufgetaut)
- 250 g Ricotta
- 1 Ei (Größe M)
- 50 g Parmesan, frisch gerieben
- 50 g Mehl
- Salz, schwarzer Pfeffer
- frisch geriebene Muskatnuss
- 300 g Tomaten
- 4 Zweige Basilikum
- 1 Knoblauchzehe
- 1 EL Olivenöl

140 * MILCHPRODUKTE & EIER

KÄSE-ZWIEBEL-FRITTATA

1 Die Zwiebel schälen, vierteln und in feine Streifen schneiden. Die Butter in einer Pfanne (ca. 20 cm Ø) erhitzen und die Zwiebelstreifen darin bei schwacher bis mittlerer Hitze ca. 10 Min. braten, ab und zu umrühren.

2 Inzwischen den Käse von der Rinde befreien und in kleine Würfel schneiden. Die Eier aufschlagen und mit einer Gabel schaumig schlagen. Leicht salzen und kräftig pfeffern, die Käsewürfel untermischen.

3 Die Zwiebelstreifen leicht salzen und pfeffern, dann die Eiermasse darübergießen und bei schwacher Hitze 6–8 Min. braten, bis die Oberfläche fest wird. Die Frittata vom Pfannenrand lösen, auf einen Teller gleiten lassen und vorsichtig wieder in die Pfanne stürzen. Noch einmal ca. 5 Min. backen.

4 Inzwischen die Petersilie waschen und trocken schütteln. Blättchen abzupfen und fein hacken. Die Frittata halbieren, mit Petersilie bestreut servieren.

* **DAS SCHMECKT DAZU** knuspriges Weißbrot und Tomatensalat (z. B. der von S. 90)

FÜR 2 PERSONEN
ZUBEREITUNG: 30 MIN.
PRO PORTION CA. 370 kcal
27 g EW, 28 g F, 2 g KH

1 größere rote Zwiebel
1 EL Butter
100 g würziger halbfester Schnittkäse (mittelalter Gouda, Stilfser oder Asiago)
4 Eier (Größe M)
Salz, schwarzer Pfeffer
4 Zweige Petersilie

MILCHPRODUKTE & EIER * 141

FRÜCHTE

CRASHKURS FRÜCHTE

Erdbeeren sind die ersten frischen Früchte im Frühjahr. Besonders fein: die kleinen Monatserdbeeren.

Himbeeren und **Brombeeren** sind – wie leicht am Aussehen zu erkennen – botanisch eng verwandt.

Stachel- und **Johannisbeeren** schmecken eher säuerlich, vor allem rote Johannisbeeren haben viel Säure.

Heidelbeeren sind intensiv blau, weniger säuerlich als andere Beeren und schmecken fruchtig-aromatisch.

Wer regional und saisonal einkauft, wartet im Frühjahr schon auf sie: die ersten Erdbeeren. Und schon bald folgen andere Beeren. Fast alle wachsen an Sträuchern, sind eher klein und die meisten Sorten kann man roh essen. Die meisten Beeren sind weich und leicht verderblich. Hier ein Überblick:

Erdbeeren beim Einkauf am besten nicht nur mit dem Auge, sondern auch mit der Nase prüfen. Aromatische Erdbeeren verströmen außerdem einen feinen Duft. Die Beeren müssen kräftig rot und glänzend aussehen, zu früh gepflückte, noch helle Beeren reifen nicht nach. Die leicht verderblichen Beeren kühl lagern und innerhalb von 2 Tagen essen.

Himbeeren kommen im Juni und Juli auf den Markt, sie sind noch empfindlicher als Erdbeeren. Deshalb am besten nicht waschen, sondern nur verlesen, also alle unschönen Beeren aussortieren. Himbeeren am Tag des Einkaufs essen.

Brombeeren gibt es von August bis Oktober, sie sind sehr aromatisch. Wie die Himbeeren sind sie ausgesprochen druckempfindlich. Also am besten gar nicht lagern, sondern gleich noch am Einkaufstag essen.

Johannisbeeren gibt es rot, weiß und schwarz. Besonders viel Säure und wenig Süße haben die roten, mild-aromatisch sind die weißen und sehr aromatisch sowie vitaminreich die schwarzen. Johannisbeeren sind nicht allzu empfindlich. Die Beeren waschen und mit einer Gabel von der Rispe streifen. Stachelbeeren schmecken reif aromatisch und eher süß.

Heidelbeeren sind als Zuchtbeere größer und leider nicht ganz so aromatisch wie Waldheidelbeeren. Frisch essen.

Ebenfalls zu den Beeren gehören Weintrauben, Preiselbeeren und Holunder. Die beiden letzteren muss man garen.

Sonderfall **Rhabarber**: Er gehört zwar botanisch zum Gemüse, wird aber wie Obst verwendet. Da er roh zu sauer ist, wird er immer gegart. Vorher waschen und von dicken Stangen die Haut abziehen, wenn sie sich beim Schneiden löst.

Pfirsiche und **Nektarinen** gibt es etwa von Mai bis September. Späte Sorten haben in der Regel mehr Aroma.

Aprikosen können nur 4 cm klein oder bis zu 8 cm groß werden. Sie müssen unbedingt reif geerntet werden.

Pflaume ist der Hauptname für viele Früchte: Zwetschgen, Mirabellen und Renekloden – alle sehr aromatisch.

Kirschen können hellrot bis fast schwarz sein. Nur Sauerkirschen müssen gegart werden, sie sind roh zu sauer.

Zum Steinobst gehören alle typischen Sommerfrüchte, die zum Teil in unseren Breiten wachsen, aber auch aus den südeuropäischen Ländern importiert werden.

Pfirsiche mögen es warm, sie kommen daher aus Italien und anderen südlichen Ländern zu uns. Die meisten Pfirsiche sind rund, im Inneren haben sie je nach Sorte gelbes, weißes oder rötliches Fleisch. Weißfleischige Pfirsiche gelten als besonders aromatisch. Inzwischen auch im Handel sind flache, eher kleine Weinbergpfirsiche. Pfirsiche sollten nicht zu unreif geerntet werden, sie entwickeln sonst wenig Aroma. Reife Früchte duften intensiv. Von ihnen lässt sich die pelzige Haut, die mancher nicht mitessen mag, auch leicht abziehen. Nektarinen schmecken ganz ähnlich, haben aber eine glatte Haut und etwas festeres Fruchtfleisch. Meist lassen sie sich auch leichter vom Stein lösen.

Aprikosen gedeihen dort am besten, wo auch Wein angebaut wird. Die druckempfindlichen Früchte werden leider oft zu unreif geerntet und schmecken dann trocken und fad. Verlassen Sie sich beim Einkauf auf ihre Nase: Sonnengereifte Früchte verströmen einen feinen Duft. Aprikosen schmecken gegart ebenso gut wie frisch. Besonders fein sind die österreichischen Aprikosen, dort Marillen genannt.

Zwetsch(g)en sind von allen Pflaumenarten am häufigsten im Handel vertreten. Sie sind im Spätsommer und Herbst im Angebot und haben reif geerntet ein intensives Aroma. Zwetschgen schmecken roh ebenso gut wie gekocht oder auf dem Kuchen.

Kirschen kommen von Juni bis August auch aus heimischem Anbau in den Handel. Kaufen Sie nur pralle Früchte, deren Frische man am geraden, noch grünen Stiel erkennen kann. Kirschen waschen und am besten innerhalb von 2 Tagen frisch essen. Für Kuchen, Grütze und andere gegarte Gerichte eignet sich die aromatische Sauerkirsche fast noch besser, sie wird aber leider selten im Handel angeboten.

FRÜCHTE * 145

CRASHKURS FRÜCHTE

Der Apfel ist bei den meisten die Nummer 1 im Obstkorb, und das zu Recht. Er versorgt uns mit einer Menge Vitamin C.

Birnen haben einen hohen Gehalt an natürlichem Fruchtzucker und sind damit eine ideale Zwischenmahlzeit.

Quitten besitzen ein sehr hartes Fruchtfleisch unter ihrer flaumigen Haut. Sie müssen daher immer gegart werden.

Quitten vorbereiten: Die Früchte vierteln und das Kerngehäuse, das man nicht mitessen kann, ausschneiden.

Äpfel sind besondere Früchte, denn kaum eine andere Obstsorte lässt sich so lange lagern; späte Sorten halten sich bei richtiger Temperatur sogar mehrere Monate. Von den um die 20 000 verschiedenen Apfelsorten spielen heute für den Handel nur 20 bis 30 eine größere Rolle. Apfelfreunde scheiden sich dabei vor allem in zwei Gruppen: die Fans der süßlich-milden Äpfel und die Anhänger der kräftiger aromatischen Sorten, die meist einen größeren Säureanteil haben. Milde Sorten sind zum Beispiel Golden Delicious, Jonagold und Pink Lady, aromatisch und kräftiger im Geschmack Elstar, Gravensteiner und Cox Orange. Mit der säuerlichste unter den Äpfeln ist der Boskoop, den viele daher nur gekocht und gebacken mögen. Übrigens reifen Äpfel beim Lagern nach und sondern dabei ein Gas ab – das Ethylen –, das andere Früchte und Gemüse schneller reifen lässt. Das kann man sich zunutze machen, indem man beispielsweise eine noch zu harte Avocado neben Äpfel legt. Von Früchten, die nicht nachreifen sollen, die Äpfel aber getrennt lagern.

Birnen sind zum Teil auch lagerfähig, müssen dann aber noch hart geerntet und sehr kühl aufbewahrt werden. Die meisten Birnen aus heimischem Anbau kommen von Oktober bis Dezember in den Handel. Die Farbe der Schale ist übrigens kein Hinweis auf die Reife der Frucht, sondern hängt von der Sorte ab. Besonders viel Aroma haben Birnen der Sorten Williams Christ, Gute Luise oder Kaiser Alexander (wird auch Bosc's Flaschenbirne genannt). Reife Birnen geben auf Druck ganz leicht nach, sind sie zu weich, ist ihr Fruchtfleisch allerdings nicht mehr saftig, sondern mehlig.

Quitten sind von September bis November im Angebot und können ein paar Wochen im kühlen Keller gelagert werden. Sie enthalten im Gegensatz zu Äpfeln und Birnen Gerbsäure (Tannine), der Grund dafür, dass sie roh nicht schmecken. Man unterscheidet die runden kleinen Apfelquitten mit dem intensiven Aroma und die großen länglichen Birnenquitten. Letztere haben zwar einen höheren Anteil an Fruchtfleisch, schmecken aber nicht so aromatisch.

Bananen sind richtig reif und schmackhaft, wenn sich auf der gelben Schale kleine braune Punkte zeigen.

Reife und Aroma der **Ananas** hängen vom Erntezeitpunkt ab, die feine Frucht reift nämlich nicht mehr nach.

Mangos kommen vor allem aus Südamerika und Asien zu uns. Asiatische Früchte haben meist das feinere Aroma.

Zitrusfrüchte wie Zitronen, Orangen und Limetten gehören hierzulande längst zur Alltagsküche.

Manche **Südfrüchte** sind uns so vertraut, dass wir sie fast als heimisch ansehen, andere sind wirklich noch exotisch.

Ananas unterscheidet man vor allem nach dem Transportweg. Die meisten werden nicht ganz reif geerntet per Schiff zu uns gebracht. Reife, wirklich aromatische Früchte kommen per Flugzeug, sind aber teuer und haben eine schlechte Öko-Bilanz. Ebenfalls fein: die kleine Baby-Ananas.

Bananen sind nach den Zitrusfrüchten weltweit die Nr. 2 im Obstanbau und eine feine Zwischenmahlzeit. Bananen werden immer grün geerntet, sie reifen gut nach. Haben sie beim Einkauf noch eine grüne Schale, die Früchte zu Hause bei Zimmertemperatur nachreifen lassen, bis sie gelb sind.

Granatäpfel kommen in den Wintermonaten zu uns und lassen sich mit ihrer harten Schale wochenlang lagern. Man kann von den halbierten Früchten den Saft in der Saftpresse auspressen oder aber die einzelnen roten Samenkernchen zwischen den Häuten herauslösen (siehe auch Seite 13).

Kiwis geben, wenn sie reif sind, auf Fingerdruck leicht nach. Sie schmecken roh am besten, dazu die Früchte halbieren und das Fruchtfleisch aus der Schale löffeln. Kiwis enthalten das Eiweiß spaltende Enzym Actinidin. Deshalb nicht mit Milchprodukten essen, die werden mit Kiwis bitter. Und: In Desserts mit Gelatine verhindert das Enzym das Festwerden.

Mangos schmecken im Idealfall fein säuerlich und wunderbar aromatisch, manche Sorten – vor allem die aus Südamerika – haben ein eher faseriges Fleisch, diejenigen aus Asien sind meist feiner, aber auch teurer.

Melonen gehören mit Gurken, Zucchini und Kürbis zu den Kürbisgewächsen. Grob unterteilt werden sie in die kleinen aromatischeren Zucker- und die großen Wassermelonen.

Zitrusfrüchte versorgen uns mit einer Menge Vitamin C, vor allem in den Wintermonaten. Der Saft, aber auch die Schale sorgen für Aroma in vielen Gerichten, also am besten Bioware kaufen. Die Früchte aber trotzdem immer gut waschen.

1. ERDBEER-SMOOTHIE (FÜR 2 PERSONEN)

1. 200 g Erdbeeren vorsichtig waschen, die Kelchblätter mit der Messerspitze herausschneiden. Die Erdbeeren in Würfel schneiden.

2. 2 Zweige Basilikum waschen und trocken schütteln, die Blättchen abzupfen und fein hacken, sonst lassen sie sich nicht mixen.

3. Die Erdbeeren mit Basilikum, 1/8 l Milch und 50 g Sahne sowie 1 EL Erdbeer- oder Ahornsirup und 2 TL Zitronensaft gründlich mixen.

2. BANANEN-INGWER-SMOOTHIE (FÜR 2 PERSONEN)

1. 2 reife Bananen schälen und in Würfel schneiden. 1 Stück (ca. 2 cm) frische Ingwerwurzel schälen und fein hacken.

2. 1 Bio-Limette oder 1 kleine Bio-Zitrone heiß waschen und abtrocknen und die Schale rundherum dünn abreiben. Saft auspressen.

3. Bananen und Ingwer mit Limettenschale und 1 EL Saft, 1/8 l Mineralwasser und 50 ml Milch in einem hohen Becher gründlich mixen.

3. MANGO-LIMETTEN-SMOOTHIE (FÜR 2 PERSONEN)

1. 1 kleine Mango schälen. Das Fruchtfleisch zunächst in Schnitzen vom Kern abschneiden, dann die Schnitze grob würfeln.

2. 1/2 Bio-Limette heiß waschen und abtrocknen, die Schale fein abreiben, den Saft auspressen. 1 Stück Bio-Orangenschale hacken.

3. Mangostücke mit Zitrusschalen und Limettensaft, 1/8 l Orangensaft und 50 ml Kokosmilch (oder noch mehr Saft) gut mixen.

www.küchengötter.de/vegivideos

4. MILCHREIS MIT ZIMT (FÜR 2 PERSONEN)

1. 1 Bio-Orange heiß waschen und 1 Stück Schale dünn (ohne das Weiße) abschneiden. 1 Stück Zimtstange einmal durchbrechen.

2. 60 g Rundkornreis in einem Sieb gut kalt abspülen. Orangenschale, Zimt, Reis und 1 EL Zucker mit 1/2 l Milch im Topf verrühren.

3. Alles zusammen unter Rühren erhitzen, nicht kochen. Bei schwacher Hitze 15–20 Min. garen, ab und zu umrühren. Mit Obst servieren.

5. ZWETSCHGEN-CRUMBLE (FÜR 2 PERSONEN)

1. 500 g Zwetschgen waschen und aufschneiden. Stein herauslösen, Zwetschgen in Spalten schneiden, mit 1 EL Zitronensaft mischen.

2. 80 g Butter bei schwacher Hitze zerlassen. 50 g Zucker, 1 Prise Zimt und 100 g Mehl mit einer Gabel locker zu Streuseln unterrühren.

3. Früchte in einer ofenfesten Form mit 4 EL Sahne begießen, Streusel auflegen. Im Ofen bei 180° (Mitte, Umluft 160°) 35 Min. backen.

6. QUARKAUFLAUF MIT BEEREN (FÜR 2 PERSONEN)

1. 250 g gemischte Beeren (Himbeeren, Brombeeren und Johannisbeeren) verlesen bzw. abzupfen. 2 Eier (Größe M) trennen.

2. Die Eiweiße mit 1 Prise Salz steif schlagen. 200 g Quark mit den Eigelben, 1 Päckchen Vanillezucker und 4 EL Zucker gut verquirlen.

3. Die Beeren und den Eischnee unterheben und die Mischung in eine ofenfeste Form füllen. Bei 180° (Umluft 160°) 35 Min. backen.

FRÜCHTE * 149

BANANENSALAT MIT GRANATAPFELKERNEN

FÜR 2 PERSONEN
ZUBEREITUNG: 15 MIN.
PRO PORTION CA. 205 kcal
4 g EW, 7 g F, 30 g KH

75 g Joghurt
2 TL Mandelmus
  (aus dem Bioladen;
  oder Haselnussmus)
2 TL Ahornsirup
1–2 TL Zitronensaft

Zimtpulver
1/2 Granatapfel
2 Bananen
1 EL Mandelblättchen
  (nach Belieben)

1 Den Joghurt mit dem Mandelmus, dem Ahornsirup, dem Zitronensaft und 1 Prise Zimt sehr gründlich verrühren. Besonders schnell verbindet sich das kompakte Nussmus mit den übrigen Zutaten mit dem Pürierstab.

2 Die Granatapfelhälfte aufbrechen und die Kerne zwischen den Trennhäutchen herauslösen. Die Bananen schälen und in dünne Scheiben schneiden. Beides mit der Sauce mischen. Die Mandelblättchen, falls verwendet, in einer trockenen Pfanne bei mittlerer Hitze unter Rühren goldgelb rösten und vor dem Servieren aufstreuen.

* SERVIER-TIPP Der Salat schmeckt als Dessert, aber auch zum Frühstück.

BIRNENQUARK MIT KNUSPERNÜSSEN

FÜR 2 PERSONEN
ZUBEREITUNG: 20 MIN.
PRO PORTION CA. 310 kcal
12 g EW, 19 g F, 21 g KH

- 1/2 Bio-Zitrone
- 1 große saftige Birne
- 1 Päckchen Vanillezucker

- 2 EL gemischte Nusskerne (z. B. Mandelkerne, Haselnüsse, Walnüsse und Pinienkerne)
- 1 TL Butter

- 1 TL brauner Zucker
- Zimtpulver oder Lebkuchengewürz
- 50 g Sahne
- 150 g Quark

1 Die Zitronenhälfte heiß waschen und abtrocknen, die Schale fein abreiben und den Saft auspressen. Die Birne vierteln, schälen und vom Kerngehäuse befreien. Die Birnenviertel in kleine Würfel schneiden und mit der Zitronenschale und 2 TL Zitronensaft sowie der Hälfte des Vanillezuckers mischen.

2 Die Nusskerne mittelgrob hacken. Die Butter mit dem Zucker schmelzen, die Nusskerne darin bei mittlerer Hitze unter Rühren knusprig braten. Mit 1 Prise Zimt oder Lebkuchengewürz mischen und beiseitestellen. Die Sahne mit dem restlichen Vanillezucker steif schlagen und unter den Quark heben. Birne ebenfalls unterheben und den Quark in Schälchen verteilen. Mit den Nüssen bestreuen und servieren.

FRÜCHTE * 151

RHABARBER-KOMPOTT MIT VANILLE

1 Den Rhabarber waschen und die Enden abschneiden. Den Rhabarber in knapp 1 cm dicke Scheiben schneiden. Falls sich dabei Fäden lösen, diese abziehen. Die Erdbeeren vorsichtig waschen und die grünen Kelchblätter herausschneiden.

2 Den Rhabarber mit dem Zucker und 1/8 l Wasser in einem Topf zum Kochen bringen und zugedeckt bei mittlerer bis schwacher Hitze ca. 5 Min. köcheln lassen. Die Erdbeeren untermischen und einmal aufkochen lassen. Das Kompott dann gleich in eine Schüssel umfüllen und abkühlen lassen.

3 Für die Vanillecreme den Schmant mit 1/2 Päckchen Vanillezucker verrühren. Die Sahne mit dem übrigen Vanillezucker steif schlagen. Die Hälfte davon unter den Schmant rühren, den Rest mit dem Schneebesen unterheben.

4 Zum Servieren das Kompott in Schälchen füllen und jeweils mit 1 dicken Klecks Vanillecreme garnieren.

FÜR 2 PERSONEN
ZUBEREITUNG: 30 MIN.
PRO PORTION CA. 340 kcal
3 g EW, 21 g F, 32 g KH

FÜR DAS KOMPOTT:
250 g Rhabarber
125 g Erdbeeren
40 g Zucker

FÜR DIE CREME:
75 g Schmant
1 Päckchen Vanillezucker
75 g Sahne

PFIRSICHGRATIN MIT AMARETTINI

FÜR 2 PERSONEN
ZUBEREITUNG: 25 MIN.
BACKEN: 25 MIN.
PRO PORTION CA. 650 kcal
9 g EW, 35 g F, 72 g KH

3 größere oder 4 kleine Pfirsiche
1/2 Bio-Zitrone
100 g Amarettini
75 g Crème fraîche

50 g Sahne
20 g Zucker
Zimtpulver
2 Eigelbe (Größe M)
Butter für die Förmchen

1 Die Pfirsiche häuten. Bei sehr reifen Pfirsichen lässt sich die Haut ganz einfach abziehen. Geht das nicht, die Früchte mit kochendem Wasser übergießen, kurz ziehen lassen. Dann kalt abschrecken und häuten. Die Pfirsiche halbieren, die Hälften auseinanderlösen und die Kerne herausheben. Die Pfirsiche in feine Scheiben schneiden. Die Zitronenhälfte heiß waschen und abtrocknen, die Schale fein abreiben und den Saft auspressen. 1 EL Saft und die Schale mit den Pfirsichen mischen.

2 Den Ofen auf 180° vorheizen. Zwei ofenfeste Förmchen mit Butter ausstreichen. Die Amarettini in einen Gefrierbeutel füllen und mit dem Nudelholz darüberrollen und mittelgrob zerkleinern. Die Pfirsiche und Amarettini lagenweise in die Förmchen füllen.

3 Die Crème fraîche mit der Sahne, dem Zucker, 1 Prise Zimt und den Eigelben gründlich verquirlen und über die Pfirsiche gießen. Die Pfirsiche im Ofen (Mitte, Umluft 160°) ca. 25 Min. backen, bis die Oberfläche leicht gebräunt ist. Vor dem Servieren kurz stehen lassen.

* **DAS SCHMECKT DAZU** Auf jede Portion 1 Kugel Vanille- oder Schokoladeneis geben und nur ganz leicht anschmelzen lassen. Mit Waffeln servieren.

KAKAO-EIS MIT HEISSEN HIMBEEREN

1 Die saure Sahne mit dem Puderzucker, dem Kakaopulver und dem Zimt gründlich verrühren. Die Sahne mit 1 Prise Salz steif schlagen, unter die saure Sahne heben.

2 Die Masse in eine Schüssel füllen und im Tiefkühlfach oder im Gefrierschrank in ca. 4 Std. fest werden lassen. Dabei möglichst oft durchrühren, damit sich keine zu großen Eiskristalle bilden.

3 Zum Servieren die Himbeeren verlesen, also alle faulen Früchte aussortieren. Die Himbeeren möglichst nicht waschen. In einen Topf geben, mit dem Zucker und dem Zitronensaft mischen und zum Kochen bringen. Auf der abgeschalteten Kochplatte ein paar Minuten nachziehen lassen.

4 Vom dem Eis mit einem Eisportionierer Kugeln abstechen oder mit einem Löffel Portionen abteilen und auf tiefe Teller oder Dessertschalen verteilen. Die Himbeeren darauf verteilen und das Eis gleich servieren.

★ DAS SCHMECKT DAZU Eiswaffeln oder Hohlhippen oder auch knusprige Mürbeteigplätzchen

★ TAUSCH-TIPP Statt Kakao 1 kleine pürierte Banane und die abgeriebene Schale von 1/2 Bio-Limette unter die Sahnecreme rühren und mit 1 Prise frisch geriebener Muskatnuss würzen. Statt der Himbeeren dann ein Püree aus dem Fleisch von 1/2 Mango mit dem Saft der Limettenhälfte machen und kalt zum Eis servieren.

FÜR 2 PERSONEN
ZUBEREITUNG: 15 MIN.
GEFRIEREN: 4 STD.
PRO PORTION CA. 395 kcal
6 g EW, 25 g F, 35 g KH

FÜR DAS EIS:
150 g saure Sahne
2 EL Puderzucker
1 EL Kakaopulver
1/2 TL Zimtpulver
100 g Sahne
Salz

FÜR DIE HIMBEEREN:
200 g Himbeeren
2 EL Zucker
1 TL Zitronensaft

FÜR 2 PERSONEN
ZUBEREITUNG: 1 STD.
PRO PORTION CA. 630 kcal
22 g EW, 31 g F, 79 g KH

150 g (Vollkorn-)Weizen-
oder Dinkelmehl
Salz
300 ml Milch
2 Eier (Größe M)
2 EL Ahornsirup

2 säuerliche Äpfel
1 EL Zitronensaft
8 Zweige Thymian
4 TL Butter
4 TL brauner Zucker

APFEL-THYMIAN-PFANNKUCHEN

1 Für den Teig das Mehl mit 1 Prise Salz in einer Schüssel mischen. Milch, Eier und den Ahornsirup nach und nach mit dem Schneebesen unterrühren, bis keine Klümpchen mehr zu sehen sind. Den Teig bei Zimmertemperatur ca. 30 Min. quellen lassen.

2 Inzwischen die Äpfel vierteln, schälen und von den Kerngehäusen befreien. Die Äpfel in dünne Stifte schneiden und diese mit dem Zitronensaft mischen. Den Thymian waschen und trocken schütteln, die Blättchen von den Stielen streifen.

3 In einer Pfanne 1 TL Butter zerlassen. Ein Viertel der Äpfel und des Thymians einrühren und mit 1 TL Zucker bestreuen. Bei mittlerer Hitze braten, bis der Zucker schmilzt. Mit einem Viertel des Teigs begießen. Den Pfannkuchen ca. 3 Min. backen, dann wenden und noch einmal ca. 2 Min. backen.

4 Den Pfannkuchen im Backofen bei 70° auf einem Teller warm halten. Aus den übrigen Zutaten wie beschrieben drei weitere Pfannkuchen backen. Die Pfannkuchen warm essen.

* **VARIANTEN** Statt der Äpfel schmecken auch andere Früchte: Besonders fein sind Heidelbeeren oder schwarze Johannisbeeren, aber auch Kirschen oder Birnen eignen sich ausgezeichnet.

FÜR 2 PERSONEN
ZUBEREITUNG: 45 MIN.
PRO PORTION CA. 565 kcal
25 g EW, 18 g F, 74 g KH

FÜR DIE PFLANZERL:
1 Stück Bio-Zitronenschale
250 g Quark (oder Topfen oder Schichtkäse)
75 g (Vollkorn-)Hartweizengrieß
2 EL Zucker

1 Ei (Größe M)
1 EL Butterschmalz
FÜR DIE SAUCE:
250 g Aprikosen
2 1/2 EL Zucker (oder Ahornsirup)

100 ml trockener Weißwein (oder Wasser)
2 TL Zitronensaft
Zimtpulver
50 g saure Sahne (nach Belieben)

QUARKPFLANZERL MIT APRIKOSENSAUCE

1 Für die Pflanzerl die Zitronenschale sehr fein hacken. Den Quark mit der Zitronenschale, dem Grieß, dem Zucker und dem Ei gründlich verrühren. Bei Zimmertemperatur ca. 30 Min. quellen lassen.

2 Inzwischen für die Sauce die Aprikosen waschen und halbieren. Entsteinen und in kleine Würfel schneiden. Die Aprikosen mit dem Zucker und dem Wein in einem Topf zum Kochen bringen und zugedeckt bei schwacher Hitze ca. 5 Min. köcheln lassen. Dann mit der Garflüssigkeit pürieren und mit dem Zitronensaft und 1 Prise Zimt abschmecken. Abkühlen lassen, dann nach Wunsch die saure Sahne mit dem Schneebesen unterschlagen.

3 Aus der Topfenmasse 6 Pflanzerl (Frikadellen) formen. Das Butterschmalz in einer Pfanne erhitzen. Quarkpflanzerl einlegen und bei mittlerer Hitze 4–5 Min. braten. Dann umdrehen und noch einmal so lange braten.

4 Zum Servieren die Aprikosensauce auf Teller verteilen. Die Pflanzerl daraufsetzen und heiß servieren.

* **VARIANTE** Die Quarkpflanzerl schmecken auch zu pikanten Beilagen, dann einfach den Zucker weglassen und die Masse mit Salz und Pfeffer abschmecken. Gut dazu: Sauerkraut oder Spinat oder einfach ein bunt gemischter Salat.

REGISTER

Die Crashkurs-Grundrezepte sind mit **(GR)** gekennzeichnet

A

Amarettini, Pfirsichgratin mit 153
Ananas
  Rotkohlrohkost mit Ananas 20
  Tempeh mit Ananas 118
Apfel
  Apfel-Avocado-Carpaccio 16
  Apfel-Thymian-Pfannkuchen 156
  Gerstentopf mit Lauch
    und Apfel 85
Aprikosensauce zu Quarkpflan-
  zerl 157
Asia-Nudeln, gebratene 68
Avocado-Apfel-Carpaccio 16

B

Bananen
  Bananen-Ingwer-
    Smoothie (GR) 148
  Bananensalat mit Granat-
    apfelkernen 150
Basilikum-Bohnen-Creme
  zu Crostini 100
Beeren, Sommermüsli
  mit (GR) 75
Birchermüsli mit Trauben 80
Birnenquark mit Knusper-
  nüssen 151
Bohnen
  Bohnen-Kohlrabi-Gemüse
    mit Zitrone 40
  Bohnen-Zucchini-Salat 102
  Crostini mit Bohnen-Basilikum-
    Creme 100
  Grüne-Bohnen-Salat (GR) 29
  Weiße Bohnen mit Gemüse 107
Brokkoli
  Brokkoli mit Pinienkern-
    Butter (GR) 29
  Brokkoliflan mit Meerrettich-
    sauce 139
  Scharfe Brokkoli-Spaghetti 63
Buchweizennudeln mit
  Sesamspinat 65
Bulgur mit Fenchel und Käse 91

C | D

Chilischote
  Chili-Dressing zu Gemüsesalat 17
  Chilischoten vorbereiten (GR) 35
  Chilizwiebeln zu Tofu 122
Couscous
  Couscous garen und als Füllung
    verwenden (GR) 76
  Couscoussalat 83
Crostini mit Bohnen-Basilikum-
  Creme 100
Currysahne, Tofuklößchen in 125
Dal mit Mango 104

E

Erbsen
  Erbsensuppe mit Paprikaklöß-
    chen 105
  Falafel aus Erbsen (GR) 98
  Grüne Erbsen mit Minze (GR) 27
Erdbeeren
  Erdbeer-Rucola-Salat
    mit Ofenkäse 15
  Erdbeer-Smoothie (GR) 148
Essig und Öl aromatisieren (GR) 13

F

Falafel aus Erbsen (GR) 98
Feigen zu Mozzarella mit
  Radicchio 135
Fenchel
  Bulgur mit Fenchel und Käse 91
  Fenchel-Tomaten-
    Gemüse (GR) 29
Feta, Nudeln mit 64
Frischkornmüsli mit Mango
  und Kokos 81
Frittierte Schwarzwurzeln (GR) 33

G

Gemüse
  Gemüsecremesuppe
    mit Seidentofu (GR) 113
  Gemüsesalat mit
    Chili-Dressing 17
  Orientalischer Gemüsetopf 41
  Pfannkuchen mit Gemüse 89
  Weiße Bohnen mit Gemüse 107
Gerste
  Gerstensalat mit Ingwerto-
    maten 82
  Gerstentopf mit Lauch
    und Apfel 85

Getreide
  Getreide schmoren oder als
    Bratling zubereiten (GR) 76
  Getreideklößchen mit pikanter
    Käsesauce (GR) 78
Glasnudelsalat 60
Gnocchi (GR) 37
Granatapfel
  Bananensalat mit Granatapfel-
    kernen 150
  Granatapfelkerne
    auslösen (GR) 13
Gremolata zu Kartoffel-
  cremesuppe 50
Grüne Erbsen mit Minze (GR) 27
Grüne-Bohnen-Salat (GR) 29
Grüner Spargel aus dem
  Wok (GR) 27
Grünkohl mit Zwiebeln (GR) 33
Gurkengemüse zu Senf-
  Zitronen-Tofu 123

H | I | J

Haferflocken-Kokos-Müsli (GR) 75
Himbeeren, heiße, zu Kakao-Eis 155
Hirsepuffer mit Tomatensalat 90
Honig
  Honiglinsen 108
  Honig-Senf-Dressing (GR) 12
Ingwer vorbereiten (GR) 35
Joghurtsauce (GR) 131

K

Kakao-Eis mit heißen
  Himbeeren 155
Kartoffeln
  Kartoffelauflauf
    mit Räuchertofu 49
  Kartoffelcremesuppe
    mit Gremolata 50
  Kartoffelpüree mit
    Ofentomaten 51
  Kartoffeltortilla (GR) 37
  Kartoffeltortilla mit
    Kohlstreifen 53
  Spargel-Kartoffelsalat 22
Käse
  Bulgur mit Fenchel und Käse 91
  Käse backen und grillen (GR) 130
  Käse zerkleinern (GR) 130
  Käse-Nuss-Dressing (GR) 12
  Käseomelett (GR) 130

Käsesalat mit Kräutern 134
Käsesauce (GR) 131
Käse-Zwiebel-Frittata 141
Pilzpolenta mit Käse 87
Quicheteig mit Käsebelag (GR) 78
Kerbel: Spargel mit Kerbel-
  schaum 39
Kichererbsen
  Kichererbsen-Curry 109
  Kichererbsenpüree mit
    Würzöl 101
Knoblauch-Croûtons zu Salat 14
Kohl
  Kohlstreifen zu Kartoffeltortilla 53
  Nudeln mit Kohl und Feta 64
Kohlrabi-Bohnen-Gemüse
  mit Zitrone 40
Kokoscurry mit Tofu 119
Kokosflocken
  Frischkornmüsli mit Mango
    und Kokos 81
  Haferflocken-Kokos-Müsli (GR) 75
Kräuter
  Käsesalat mit Kräutern 134
  Kräutergnocchi mit Paprika-
    sahne 52
  Kräuter-Oliven-Öl (GR) 59
  Möhrenpuffer mit Kräuter-
    schmant 42
Kürbis
  Gegrillter Kürbis mit Oliven-
    marinade 43
  Gemischte Salate mit Kürbis 19
  Kürbispüree (GR) 31

L

Lasagne mit Romanasalat 70
Lauch: Gerstentopf mit Lauch
  und Apfel 85
Linsen
  Honiglinsen 108
  Linsensalat mit Radieschen 103
  Quarkspätzle mit Sahnelinsen 67
  Rote-Linsen-Suppe (GR) 98

M | N

Mango
  Dal mit Mango 104
  Frischkornmüsli mit Mango
    und Kokos 81
  Mango-Limetten-Smoothie
    (GR) 148

Mangoldgemüse zu Polentawür-
feln 86
Meerrettichsauce zu Brokkoli-
flan 139
Milchreis mit Zimt (GR) 149
Misosuppe mit Tofu 116
Möhrenpuffer mit Kräuter-
schmant 42
Mozzarella
Mozzarella mit Feigen und
Radicchio 135
Pasta mit Orangenmozzarella 62
Nudeln
Nudelauflauf mit Zucchini 71
Nudeln formen (GR) 58
Nudeln mit Kohl und Feta 64
Nudelomelett mit Pilzen 69
Nudelteig aromatisieren (GR) 58
Nudelteig zubereiten (GR) 58
Pasta mit Orangenmozzarella 62
Nüsse
Käse-Nuss-Dressing (GR) 12
Trockenfruchtmüsli mit Knusper-
nüssen (GR) 75

O

Ofengemüse mit Salsa Verde 47
Ofenkartoffeln (GR) 37
Ofenkäse zu Rucola-Erdbeer-Salat 15
Ofentomaten mit Kartoffelpüree 51
Ofentopinambur 45
Öl und Essig aromatisieren (GR) 13
Oliven
Kräuter-Oliven-Öl (GR) 59
Olivenmarinade zu gegrilltem
Kürbis 43
Orangen
Orangenmozzarella, Pasta mit 62
Rote Bete mit Orangensauce 44
Sellerie-Orangen-Salat 21
Orientalischer Gemüsetopf 41

P | Q

Paprikaklößchen,
Erbsensuppe mit 105
Paprikaschote
Kräutergnocchi mit Paprika-
sahne 52
Paprika-Radicchio-Salat
mit Tofu 117
Reisnudelsuppe mit Paprika
und Tofu 61

Pasta mit Orangenmozzarella 62
Pfannkuchen mit Gemüse 89
Pfirsichgratin mit Amarettini 153
Pilze
Nudelomelett mit Pilzen 69
Pilzpolenta mit Käse 87
Pizzateig mit Tomatensauce
und Mozzarella (GR) 78
Polenta
Polenta zubereiten (GR) 76
Polentawürfel mit Mangoldge-
müse 86
Quark
Quarkauflauf mit Beeren (GR) 149
Quarkmousse mit Radieschen-
salat 138
Quarkpflanzerl mit Aprikosen-
sauce 157
Quarkspätzle mit
Sahnelinsen 67
Quicheteig mit Käsebelag (GR) 78

R

Radicchio
Mozzarella mit Feigen
und Radicchio 135
Paprika-Radicchio-Salat
mit Tofu 117
Radieschen
Linsensalat mit Radieschen 103
Quarkmousse mit Radieschen-
salat 138
Reis, gebratener, mit Tofu 124
Reisnudelsuppe mit Paprika
und Tofu 61
Rhabarberkompott mit Vanille 152
Ricotta-Spinat-Nockerl 140
Romanasalat zu Lasagne 70
Rosenkohlauflauf 48
Rote Bete
Rote Bete mit Orangensauce 44
Rote Bohnen in Chili-Tomaten-
Sauce (GR) 98
Rote-Bete-Risotto 84
Rote-Bete-Salat mit
Kümmel (GR) 31
Rote-Linsen-Suppe (GR) 98
Rotkohlrohkost mit Ananas 20
Rucola-Erdbeer-Salat
mit Ofenkäse 15
Rührei mit Ingwer und Zwiebel-
grün 132

S

Sahne-Cidre-Sauce (GR) 131
Sahnelinsen zu Quarkspätzle 67
Salat mit Knoblauch-Croûtons 14
Salsa Verde zu Ofengemüse 47
Salsa, Ziegenkäseröllchen mit 137
Scharfe Brokkoli-Spaghetti 63
Schwarzwurzeln, frittierte (GR) 33
Seidentofu, Gemüsecremesuppe
mit (GR) 113
Sellerie-Orangen-Salat 21
Senf
Honig-Senf-Dressing (GR) 12
Senf-Zitronen-Tofu mit Gurkenge-
müse 123
Sesam: Buchweizennudeln
mit Sesamspinat 65
Soja
Sojabolognese (GR) 114
Sojabratlinge (GR) 114
Sojagulasch (GR) 114
Sommermüsli mit Beeren (GR) 75
Spargel
Grüner Spargel aus dem
Wok (GR) 27
Spargel mit Kerbelschaum 39
Spargel-Kartoffelsalat 22
Spargeltarte 92
Spiegelei mit grünem Spargel 133
Weißer Spargel aus der
Folie (GR) 27
Spiegelei mit grünem Spargel 133
Spinat
Buchweizennudeln
mit Sesamspinat 65
Ricotta-Spinat-Nockerl 140
Spinatpizza 93
Wurzelspinat mit
Zitronenöl (GR) 33
Sprossen
Sprossen ziehen (GR) 13
Tofu-Sprossen-Burger 121

T

Tempeh mit Ananas 118
Tofu
Gebratener Reis mit Tofu 124
Kartoffelauflauf mit
Räuchertofu 49
Kokoscurry mit Tofu 119
Misosuppe mit Tofu 116

Paprika-Radicchio-Salat
mit Tofu 117
Reisnudelsuppe mit Paprika
und Tofu 61
Tofu braten (GR) 113
Tofu mit Chilizwiebeln 122
Tofu-Brotaufstrich (GR) 113
Tofuklößchen in Currysahne 125
Tofu-Sprossen-Burger 121
Zitronen-Senf-Tofu mit Gurkenge-
müse 123
Tomaten
Fenchel-Tomaten-Gemüse (GR) 29
Gerstensalat mit Ingwerto-
maten 82
Hirsepuffer mit Tomatensalat 90
Pizzateig mit Tomatensauce
und Mozzarella (GR) 78
Rote Bohnen in Chili-
Tomaten-Sauce (GR) 98
Tomaten-Brot-Salat 23
Tomaten-Tatar (GR) 59
Tomaten-Vinaigrette (GR) 12
Topinambur, gebratener (GR) 31
Trauben, Birchermüsli mit 80
Trockenfruchtmüsli mit Knusper-
nüssen (GR) 75

W

Weiße Bohnen mit Gemüse 107
Weißer Spargel aus der Folie (GR) 27
Wokgemüse 38
Wurzelspinat mit Zitronenöl (GR) 33

Z

Ziegenkäseröllchen mit Salsa 137
Zitrone
Bohnen-Kohlrabi-Gemüse
mit Zitrone 40
Zitronen-Senf-Tofu mit Gurkenge-
müse 123
Zitronengras vorbereiten (GR) 35
Zucchini
Bohnen-Zucchini-Salat 102
Nudelauflauf mit 71
Zucchini-Ragout (GR) 59
Zwetschgen-Crumble (GR) 149
Zwiebel
Käse-Zwiebel-Frittata 141
Tofu mit Chilizwiebeln 122

IMPRESSUM

DIE AUTORIN

Cornelia Schinharl hat ihre Liebe zu den kulinarischen Genüssen zum Beruf gemacht. Seit vielen Jahren bringt sie ihren Erfahrungsschatz als freie Food-Journalistin und Kochbuchautorin zu Papier und hat dafür schon mehrere Auszeichnungen bekommen, unter anderem Silbermedaillen der Gastronomischen Akademie und zwei World Cookbook Awards. Ihr besonderes Interesse gilt der modernen unkomplizierten Küche. Für dieses Buch hat sie einfache und dabei raffinierte Gerichte aus der vegetarischen Küche entwickelt.

FOTOPRODUKTION

Eising Foodphotography
Fotografie: Martina Görlach
Foodstylisten: Michael Koch (Rezeptfotos), Sven Dittmann (Steps)
Assistenz: Bettina Hutzl

SYNDICATION

www.jalag-syndication.de

© 2010 GRÄFE UND UNZER VERLAG GmbH, München

Alle Rechte vorbehalten. Nachdruck, auch auszugsweise, sowie Verbreitung durch Bild, Funk, Fernsehen und Internet, durch fotomechanische Wiedergabe, Tonträger und Datenverarbeitungssysteme jeder Art nur mit schriftlicher Genehmigung des Verlags.

Projektleitung: Alessandra Redies

Lektorat: Claudia Lenz, Essen

Korrektorat: Waltraud Schmidt

Umschlaggestaltung und Layout: independent Medien-Design, Horst Moser, München

Herstellung: Petra Roth

Satz: Knipping Werbung GmbH, Berg bei Starnberg

Repro: Wahl Media GmbH, München

Druck: Firmengruppe APPL, aprinta druck, Wemding

Bindung: Firmengruppe APPL, sellier druck, Freising

ISBN: 978-3-8338-1890-5
1. Auflage 2010

Die **GU-Homepage** finden Sie unter **www.gu.de**.

Unsere Garantie

Alle Informationen in diesem Ratgeber sind sorgfältig und gewissenhaft geprüft. Sollte dennoch einmal ein Fehler enthalten sein, schicken Sie uns das Buch mit dem entsprechenden Hinweis an unseren Leserservice zurück. Wir tauschen Ihnen den GU-Ratgeber gegen einen anderen zum gleichen oder einem ähnlichen Thema um.

Liebe Leserin und lieber Leser,

wir freuen uns, dass Sie sich für ein GU-Buch entschieden haben. Mit Ihrem Kauf setzen Sie auf die Qualität, Kompetenz und Aktualität unserer Ratgeber. Dafür sagen wir Danke! Wir wollen als führender Ratgeberverlag noch besser werden. Daher ist uns Ihre Meinung wichtig. Bitte senden Sie uns Ihre Anregungen, Ihre Kritik oder Ihr Lob zu unseren Büchern. Haben Sie Fragen oder benötigen Sie weiteren Rat zum Thema? Wir freuen uns auf Ihre Nachricht!

Wir sind für Sie da!

Montag – Donnerstag: 8.00 – 18.00 Uhr;
Freitag: 8.00 – 16.00 Uhr
Tel.: 0180 - 5 00 50 54*
Fax: 0180 - 5 01 20 54*
E-Mail: leserservice@graefe-und-unzer.de

*(0,14 €/Min. aus dem dt. Festnetz/Mobilfunkpreise können abweichen.)

P.S.: Wollen Sie Aktuelles von GU wissen, dann abonnieren Sie doch unseren kostenlosen GU-Online-Newsletter und/oder unsere kostenlosen Kundenmagazine.

GRÄFE UND UNZER VERLAG
Leserservice,
Postfach 86 03 13
81630 München